《哲学与人生》活动设计

主编　郑慧仙

天津大学出版社
TIANJIN UNIVERSITY PRESS

图书在版编目(CIP)数据

《哲学与人生》活动设计 / 郑慧仙主编. —天津：天津大学出版社，2018.11（2022.12 重印）
ISBN 978-7-5618-6302-2

Ⅰ.①哲…　Ⅱ.①郑…　Ⅲ.①人生哲学－中等专业学校－教学参考资料　Ⅳ.①B821

中国版本图书馆CIP数据核字(2018)第264453号

出版发行　天津大学出版社
地　　址　天津市卫津路92号天津大学内（邮编:300072）
电　　话　发行部:022-27403647
网　　址　publish.tju.edu.cn
印　　刷　廊坊市海涛印刷有限公司
经　　销　全国各地新华书店
开　　本　185mm×260mm
印　　张　11
字　　数　250千
版　　次　2018年11月第1版
印　　次　2022年12月第4次
定　　价　39.80元

编写人员

主编　郑慧仙

参编　蒋丽萍　叶　俊　黄　静　李　妍
　　　吕　瑶　肖婕婷　黄晋文　翟艳丽

前言

本书是第二批广东省中等职业学校德育课优质建设课程“哲学与人生”的建设成果。“哲学与人生”是中等职业学校学生必修的一门德育课。教学大纲对该课程的性质与任务是这样规定的：该课程对学生进行马克思主义哲学基本观点和方法及如何做人的教育；其任务是帮助学生学习运用辩证唯物主义和历史唯物主义的观点和方法，正确看待自然、社会的发展，正确认识和处理人生发展中的基本问题，树立和追求崇高理想，逐步形成正确的世界观、人生观和价值观。

从课程性质及任务看，“哲学与人生”有别于其他三门必修德育课，它有完整的知识体系、严密的逻辑结构。如何将抽象的哲学理论、处世之道传授给学生？这是一个摆在德育课教师面前的问题。从中职生的学习特点看，动静结合、生动有趣的教学方式更能吸引他们的注意力，更能有效激发他们的学习积极性，传统理论灌输及教师单面讲授不适合中职学情。根据教育部印发的《关于中等职业学校德育课课程设置与教学安排的意见》，德育课教学要遵循“贴近实际、贴近生活、贴近学生”的原则，注重实践教育、体验教育、养成教育。本课程建设团队在“三贴近”原则及“以生为本”的教育理念指导下，在教育教学实践中探索出了活动体验型哲学课教学模式。活动体验型德育课教学模式的设计思路是结合学生的身心发展规律及德育课的教学要求，根据课程内容设计形式多样的教学活动，让学生在参与活动的过程中体验、感悟哲学道理并形成世界观、人生观、价值观；通过师生互动、生生互动、课内外活动，将抽象的哲学理论可视化、具体化、形象化，有效激发学生的学习积极性，提升课堂教学质量。

本教材每章节的教学活动都精心设计与安排。各章节的活动体验包括七个板块：活动体验板块，通过短小精悍、贴近实际的课堂活动，让学生明白哲学源于生活、高于生活，激发其学习积极性；学以致用板块，以案例为背景，设计哲学练习题，提高学生解决问题、分析问题的能力；学习评价板块，通过学生自评、生生互评、教师评价等，考核评价学生在活动中的表现，促进学生自我成长；引思明理板块，用简练的语言总结哲理知识，方便学生记忆及理解，指引学生行动；学有所获板块，引导学生自主总结反思课堂学习内容，方便教师及时了解教学目标是否达成；哲理故事板块，通过延伸阅读，让学生在故事中体会哲理，体会处世之道；走进心灵板块，在课堂学习之余，教师针对学生在学习、生活中遇到的困难、困惑等给予帮助及解答，充分发挥德育课教师的思想引领能力，有效协助班主任进行班级管理及对学生成长的引导。本书中丰富多彩的活动能让抽象的哲学课变得生动、有趣、有用，有效激发学生的学习积极性及学习热情。本书适合“哲学与人生”课的师生使用，也适合作为班主任开展班级活动，对学生进行思想引领的参考书。

本书中引用的一些哲理故事来自杨建峰主编的《受益一生的哲理故事大全》、洪韵编著的《人生哲理故事全集》，书中的一些插图来自网络，如对书中的引用有异议，请联系本书编者，在此一并致谢。

由于本课程建设团队专业水平有限，编写时间紧迫，本书还存在许多不足之处有待改进，希望得到广大师生、同行的批评指正。

本书编者

2018.8.19

目　　录

走近哲学

【活动体验 1】认识哲学家

古今中外有许多哲学家，他们的思想是人类宝贵的精神财富。请列出三位哲学家并简要介绍。

哲学家	简要介绍

【活动体验 2】我的人生思考

作为中职生，你思考过有关人生的问题吗？你有什么人生困惑？请写一写。

【学以致用】

哲学对普通人而言，似乎是玄而又玄、无比高妙的学问。但在复旦大学的吴晓明教授看来，哲学是最平凡的学问。只有真正读懂哲学，才会明白我们为什么要学哲学。

以下是吴晓明教授在“东方讲坛·思想点亮未来系列讲座”中的部分演讲内容。

今天，我想和大家谈谈何为哲学。很多人觉得哲学离我们非常遥远。在不少人看来，哲学是有一批人吃饱了饭没事情干,在那儿沉思冥想,弄出一些奇奇怪怪的东西。还有些人一听到哲学就担忧起来,觉得这种东西玄而又玄、无比高妙,对它的态度往往是“敬而远之”的。今天我要说的可能会颠覆大家的上述想法,哲学在我看来是最平凡的东西,尽管它要求大家从平凡走向不平凡。

首先要对哲学有一个大概的了解,知道哲学是什么。在西方,哲学叫作 philosophy,它的意思是“爱智慧”。Philo 的意思是爱, sophy 的意思是智慧。大家也许看过一本书,名字叫《苏菲的世界》。这个苏菲就是苏菲亚,就是智慧。所以哲学首先是智慧哲学。

那么智慧是什么?今天我们比较熟悉的对应的东西叫作知识、学问。但智慧与知识、学问之间恐怕是有区别的,而且有很大的区别。大家可能看过一本小说,叫《基督山恩仇记》(后来翻译成《基督山伯爵》)。书中有一个段落,是法利亚长老和男主人公邓蒂斯的一段对话。邓蒂斯年轻有为,智商非常高,学各种知识一学就会。但是法利亚长老问了他两个问题:你如何遭到陷害?如何落到这般境地?他回答不出来。这个时候,法利亚长老讲了一句非常有名的话,“博学不等于智慧”。一个人可以很博学,很有学问,很有知识,但这并不意味着有智慧。

我国的古人也懂这个道理。《论语》中有一句非常有名的话:“学而不思则罔,思而不学则殆。”学是什么?知识、学问。思是什么?思想、智慧。罔是什么意思?糊涂,用通俗的话来讲,就是没头脑。一个人如果只是有知识,缺少思想和智慧,那么这个人其实是糊涂的。当然,“思而不学则殆”,一个人如果只是在那儿思考,不去学习,不掌握知识和学问,那就危险了,因为行之不远。

上述两个中西方的例子告诉我们,知识和学问与思想和智慧其实不是一码事,两者是有区别的。哲学并不是我们一般所说的知识和学问,它是智慧之学,思想之事。

大家可能会觉得哲学离我们很远,因为那些哲学家通常想的是天人之际,是生死之际,这东西玄而又玄,跟我们没有关系。不过今天我要纠正大家的看法,哲学恐怕离我们非常近。为什么这么说?因为哲学和时代有关。

德国大哲学家黑格尔说,哲学是被把握在思想中的时代。马克思有一句话,“任何真正的哲学都是自己时代的精神上的精华”,也跟时代有关。

大家可能都听说过笛卡儿的一句名言——“我思故我在”。笛卡儿认为,世界上的所有东西都值得怀疑。几何学可以怀疑,逻辑学也可以怀疑,上帝存在不存在也可以怀疑。坐在我对面的你们究竟是真实的存在,还是我眼睛中的图像?这件事情也可以怀疑。但是我越怀疑,有一件事就越不能怀疑,那就是我在怀疑。也就是说,我在怀疑意味着我在思想,我在思想意味着我存在。

也许在座的有人会问:哲学也许跟时代有关,但跟我们有什么关系?我要告诉大家,每个人都有自己的哲学,这不需要经过学习,因为哲学就是我们通常所讲的世界观、人生观、价值观。

我们也许和某些知识没关系,但我们不可能和哲学没关系。一个人可以不懂物理学、数学,可以不懂经济学、政治学,但一个人绝对不会没有自己的世界观、人生观和价值观。一个人没有学过哲学,并不意味着他的哲学比学过哲学的人低。因为正如我之前所说的,哲学不是我们一般叫作知识、学问的东西，所以即便是文盲，也有自己的哲学。为了进一步说明这一点，我举个例子。

大概10年前，我们国家评选全国最适合人居住的城市，最终四川成都胜出。于是，各地记者跑到成都去采访。有个媒体的记者拿了秒表到街上去测算成都人每分钟走几步路，然后将这个数据与其他城市的人作比较，结果发现成都人走路走得比较慢。记者就此在街上采访成都市民。让我印象深刻的是，有一个老太太在被问及对成都人走路走得比较慢有什么看法时，说了一句"人都在走向死亡，你走那么快干什么"。那个记者听了这句话目瞪口呆，坐在电视机前的我听了也目瞪口呆，我想我们碰到了一位哲学家。这位老太太不是什么大学教授，估计也没有学过哲学，但这并不妨碍她有自己的世界观、人生观和价值观。她这句话按照中国传统哲学的标准来讲，是高明的哲学，接近道家的哲学。

当然，我举这个例子绝不是说一个人越没有知识、越没有学问，他的智慧就越高。我只是想提醒大家，哲学作为世界观、人生观、价值观，每个人都有，不在于你有多少知识和学问，它跟我们每个人都有关系，是最靠近我们的东西，所以不要拒哲学于千里之外。

我们这个时代比较关注知识和学问，但我们也要关注思想和智慧。在过去的30多年中，我们快速地对外学习，这当然很重要，但到了今天，思想的事情变得特别重要。习近平总书记要领导干部学点哲学，我想也是因为思想的任务变得越来越重要，我们要进一步深化改革，面临的问题更加严峻，面临的挑战更加复杂。过去30多年遇到的问题，我们用学习的方式就能解决和处理，但是在今天，除了继续学习，思想的事情变得越来越重要。所以，哲学与一个人、一个时代、一个民族是息息相关的。

1. 单项选择题

(1)哲学是(　　)。

A. 爱智慧的学问　　B. 普通知识

C. 只有哲学家才有的思想　　D. 能解决具体问题的学问

(2)演讲中的例子，四川老太太说"人都在走向死亡，你走那么快干什么"，这是一句富有哲理的话，这说明(　　)。

A. 人人都能成为哲学家

B. 能否成为哲学家与是否学过哲学没关系

C. 人人都有世界观、人生观、价值观

D. 一个人越没有知识、越没有文化，就越智慧

2. 情景是非题

有人说哲学是高高在上的学问，与实际生活没有什么关联，是纯粹空洞的理论学说。(　　)

3. 多项选择题

(1)生活中处处有哲学，下列典故富有哲理的有(　　)。

A. 城门失火，殃及池鱼　　B. 一着不慎，满盘皆输

C. 一把钥匙开一把锁　　D. 刻舟求剑

(2)学习哲学的意义在于(　　)。

A. 科学的哲学思想能指导人生,让人生更有意义

B. 哲学与一个时代、一个民族息息相关

C. 学会认识事物的本质,成为有生活智慧的人

D. 成为一个深奥的人

4. 实践问答题

请搜集十条哲理名言,把它们摘抄下来(注明出处),并写一写你对这些名言的理解和体会。

【学习评价】

项目	A 级	B 级	C 级	自评	互评	师评
活动参与	积极参与课堂活动,大胆表达自己的意见,大胆提问	能参与课堂活动,按要求完成课堂任务,认真听讲	不积极参与课堂活动,不认真听讲			
发言质量	积极举手发言,表达清晰,逻辑性强,观点明确	能举手发言,基本能表达清楚观点	很少举手发言,没有认真思考,观点表达不清楚			
组内贡献	善于合作,能带领组内同学进行讨论交流,高质量地完成任务	能与人合作,听取别人的意见,完成分内的任务	缺乏合作精神,不积极参与组内活动,不听取别人的意见			
作业质量	认真完成各项作业,质量高,能运用所学哲理分析问题、解决问题	能完成作业,但不能灵活运用所学知识分析问题、解决问题	不完成作业,敷衍马虎			
个人进步	与上节课相比进步明显,专心听讲,积极参与活动,认真完成作业	与上节课相比维持原样,没有进步	与上节课相比各方面表现退步很大			

【引思明理】

人生充满着哲理,
哲理是生活的原色。
热烈地投身于生活,
就能窥视生活的原色。
一个有哲学思想的人,
是会创造幸福的人;
一个热爱哲学的民族,

是世界上最有希望的民族。

【学有所获】

本节课我最喜欢的环节是	
本节课我印象最深刻的是	
本节课我学习到的哲理是	
本节课我的疑惑是	

【哲理故事】

你想砍哪棵树

上大学的时候，同学们相邀去一位老教授家做客，老教授提出要作个测试。顿时，我们来了兴致。老教授问："如果你去山上砍树，正好面前有两棵树，一棵粗，另一棵较细，你会砍哪一棵？"

同学们想了想，异口同声地说："当然砍那棵粗的了！"

老教授笑一笑，说："可是那棵粗的不过是一棵普通的杨树，而那棵细的却是红松，现在你会砍哪一棵？"

同学们想了想，说："当然砍红松了，杨树不值钱。"

老教授微笑地看着我们，说："那如果杨树是笔直的，而红松八歪七扭，你会砍哪一棵？"

同学们你看看我，我看看你，然后说："如果这样的话，还是砍杨树，红松弯弯曲曲的，什么都做不了！"

老教授目光闪烁着，大家猜想他又要加条件了。果然，老教授说："杨树虽然笔直，可由于年头太长，中间大多空了，现在你会砍哪一棵？"

虽然搞不懂老教授的葫芦里卖的什么药，我们还是从他所给的条件出发，说："那还是砍红松，杨树都中空了，也没有多大的用处。"

老教授紧接着问："可是红松虽然不是中空的，但它扭曲得太厉害，砍起来非常困难，你会砍哪一棵?”

大家也不去考虑他到底想得出什么结论了,说:“那就砍杨树,同样没什么大用,当然挑容易砍的了!”

老教授紧接着说:“可是杨树上有个鸟巢,几只幼鸟正躲在巢中,你会砍哪一棵?”

终于,有人问:“教授,您问来问去的,导致我们一会儿砍杨树,一会儿砍红松,选择总是随着您的条件增多而发生变化,您到底想告诉我们什么、测试些什么呢?”

老教授原本带有微笑的脸庞变得严肃起来,他说:“你们怎么就没人问问自己,到底为什么砍树呢?虽然我的条件不断变化,可是最终的结果取决于你们最初的动机。如果想取柴,你就砍杨树;想做工艺品,就砍红松。你们当然不会无缘无故提着斧头上山砍树的!一个人只有心中先有了目标,先有了目的,做事的时候才不会被各种条件和现象所迷惑,才不会偏离正轨。这就是我的测试,也是我想告诉你们的。”

做任何事情都需要确立目标,没有目标,就如同大海里的轮船失去了航向,无法驶达目的地。只有树立了目标,才能有的放矢,事半功倍。

阅读感悟:

【走进心灵】

丰富多彩的人生充满酸甜苦辣,喜怒哀乐。老师愿意分享你的快乐,驱散你的忧愁。

我想对老师说:
老师对我说:

第一单元　坚持从客观实际出发
脚踏实地走好人生路

第一课　客观实际与人生选择

一、客观实际是人生选择的前提和基础

【活动体验1】晒一晒我的选择经历

(1)我选择了,并且努力实现的事有: (2)我选择了,但是半途而废的事情有: (3)我选择了,但是转眼就遗忘的事情有: (4)我选择了,但是后悔的事情有: (5)目前,我面临的艰难选择是:

【活动体验2】职业理想分析清单

请回忆自己的职业生涯规划书里确立的职业理想,并采访两位同学的职业理想,分析一下职业理想实现的可能性。

理想类别	理想内容	实现的条件 （有利条件和不利条件）	实现的可能性 （请用百分数作评估）
我的职业理想			
________的职业理想			
________的职业理想			

【学以致用】

小强从小就喜欢踢足球，他的梦想是成为一名足球明星。因此，小强的父亲把儿子送进了一家有名的足球学校。

经过几年的刻苦训练，小强的球踢得有模有样了，但在一场校内的训练比赛中，他不幸被同伴踢伤，伤势非常严重。医生告诉他的父母：别再让孩子踢球了，他的身体条件已经不适应大运动量的体育活动了，再练会给孩子的身体带来难以估量的伤害。

小强的父母想让孩子退出足校，但小强认为，很多足球明星都曾受过重伤，不是有人靠顽强的意志恢复了身体，又重返赛场了吗？于是，小强决定休养一段时间再回学校踢球。不幸的是，小强在比赛中又一次受伤，伤的是同一部位。这一次，小强再也没能站起来……

1. 单项选择题

（1）小强没能实现成为足球明星的梦想，是因为（　　）。

A. 他的人生选择没有考虑客观实际　　B. 父母不支持

C. 他运气不好　　D. 他不够刻苦

（2）人生选择的客观实际主要指（　　）。

A. 人生所处的社会历史条件　　B. 个人的主客观条件

C. 人生不同阶段的不同特点　　D. 上述内容的综合

2. 情景是非题

小强为追求梦想而不懈努力的精神值得我们学习，但行为不可取，人生目标的确立要考虑客观实际及主观条件。（　　）

3. 多项选择题

（1）下列关于人生选择与客观实际的辩证关系的说法中正确的有（　　）。

A. 人生选择要从客观实际出发　　B. 人生选择不能只靠主观意志

C. 人生选择要考虑个人的主客观条件　　D. 人生选择只要有足够的勇气就够了

(2)结合小强的故事,我们明白在人生发展的可能性的选择中,进行选择的依据包括(　　)。

A. 自己的爱好和能力　　B. 老师的建议

C. 家长的忠告　　D. 社会发展阶段

4. 实践问答题

新生小军被职业学校录取,在选择专业时,他认为当下什么行业赚钱就选什么专业,请你以师兄(师姐)的身份给小军写一段话,引导他正确选择专业。

【学习评价】

项目	A 级	B 级	C 级	自评	互评	师评
活动参与	积极参与课堂活动,大胆表达自己的意见,大胆提问	能参与课堂活动,按要求完成课堂任务,认真听讲	不积极参与课堂活动,不认真听讲			
发言质量	积极举手发言,表达清晰,逻辑性强,观点明确	能举手发言,基本能表达清楚观点	很少举手发言,没有认真思考,观点表达不清楚			
组内贡献	善于合作,能带领组内同学进行讨论交流,高质量地完成任务	能与人合作,听取别人的意见,完成分内的任务	缺乏合作精神,不积极参与组内活动,不听取别人的意见			
作业质量	认真完成各项作业,质量高,能运用所学哲理分析问题、解决问题	能完成作业,但不能灵活运用所学知识分析问题、解决问题	不完成作业,敷衍马虎			
个人进步	与上节课相比进步明显,专心听讲,积极参与活动,认真完成作业	与上节课相比维持原样,没有进步	与上节课相比各方面表现退步很大			

【引思明理】

作选择,有诀窍,
不盲从,不菲薄。
看自身,方向清,
勤行动,必成功。

【学有所获】

本节课我最喜欢的环节是	
本节课我印象最深刻的是	
本节课我学习到的哲理是	
本节课我的疑惑是	

【哲理故事】

只要勤奋就可补拙

有个孩子对一个问题一直想不通：为什么他的同桌想考第一名就能考第一名，而自己想考第一名却才考了全班第二十一名。

回家后他问妈妈："妈妈，我是不是比别人笨？我觉得我和我同桌一样听老师的话，一样认真地做作业，可是为什么我总比他落后？"

妈妈听了儿子的话，感觉到了儿子的自尊，而其自尊正在被学校的排名伤害着。她望着儿子，没有回答，因为她不知道该怎样回答。

又一次考试，孩子考了第十七名，而他的同桌还是第一名，回家后孩子又问了同样的问题。她真想说，人的智商确实有高低之分，考第一名的人脑子通常会比一般人灵，然而这样的回答难道是孩子真想知道的答案吗？她没有说出口。

应该怎样回答儿子的问题呢？有几次她真想重复那几句被千万个父母重复了上万次的话——你太贪玩了，你学习还不够勤奋，和别人比起来还不够努力等，以搪塞儿子。然而，像她儿子这样不够聪明，在班上成绩不甚突出的孩子，平时活得还不够辛苦吗？所以她没有那样做，她想为儿子的问题找到一个完美的答案。

孩子小学毕业了，虽然他比过去更加刻苦，但依然没有赶上他的同桌，不过与过去相比，他的成绩一直在提高。为了对儿子的进步表示赞赏，妈妈带他去看了一次大海。就在这次旅行中，妈妈回答了儿子的问题。

他们坐在沙滩上，妈妈指着前面对儿子说："你看那些在海边争食的鸟儿，当海浪打来的时候，小灰雀总能迅速地起飞，拍两三下翅膀就升上了天空。而海鸥总显得非常笨拙，们从沙滩飞向天空总要很长的时间，然而，真正能飞越大海、横过大洋的还是它。”

后来，孩子以全校第一名的成绩考入了清华大学。

寒假归来时，母校请他给同学及家长们作一个报告，他就讲了小时候的这段经历。这个报告使很多母亲留下了眼泪，也包括他的母亲。

俗话说笨鸟先飞，勤能补拙，没有聪明的头脑，就用勤奋弥补不足。成功与否不能只看眼前，要看长远，沉得住气，坚持不懈，才能收获更大的成功。

阅读感悟：

【走进心灵】

丰富多彩的人生充满酸甜苦辣，喜怒哀乐。老师愿意分享你的快乐，驱散你的忧愁。

我想对老师说：
老师对我说：

二、物质世界的多样统一性为人生选择提供了多种可能性

【活动体验 1】心灵游戏：我的五样东西

请在下面的框内写下你生命中最宝贵的五样东西，可以是实际的物体，也可以是人或者动物，也可以是精神追求、爱好、习惯等。

我生命中最宝贵的五样东西是：

假如生活发生了重大变化，请你放弃其中四样东西……
请分享你最后留下的东西是什么，为什么留下它？

【活动体验 2】五年后的我

你毕业后打算：
(1)到高职类院校继续读书；
(2)找一份喜欢的工作；
(3)听从父母的安排；
(4)什么也不做。
你会选择哪条路？想象一下作出选择后，五年后的你会是什么样？请写下来。

中职毕业后我打算：

五年后的我：

【学以致用】

两个乡下人外出打工，一个打算去上海，一个打算去北京。可是在候车厅等车时又都改变了主意，因为邻座的人议论说，上海人精明，外地人问路都收费；北京人质朴，见到吃不上饭的人，不但给馒头，而且送旧衣服。

打算去上海的人想，还是北京好，挣不到钱也饿不死，幸亏车还没到，不然真掉进了火坑。

打算去北京的人想，还是上海好，给人带路都能挣钱，还有什么不能挣钱的？幸亏我还没上车，不然真失去一次致富的机会。

于是他们在退票处相遇了。原来要去北京的得到了去上海的票，原来要去上海的得到了去北京的票。

去北京的人发现，北京果然好。他初到北京的一个月，什么都没干，竟然没有饿着。不仅银行大厅里的太空水可以白喝，而且大商场里供品尝的点心也可以白吃。

去上海的人发现，上海果然是一个可以发财的城市，干什么都可以赚钱。带路可以赚钱，看厕所可以赚钱，弄盆凉水让人洗脸也可以赚钱。只要想点办法，再花点力气，就可以赚钱。

凭着乡下人对泥土的感情和认识，他在建筑工地装了十包含有沙子和树叶的土，以“花盆土”的名义向不见泥土而又爱花的上海人兜售。当天他在城郊间往返六次，净赚了五元钱。一年后，凭“花盆土”他竟然在大上海拥有了一间小小的门面。

在常年的走街串巷中，他又有了一个新的发现：一些商店楼面亮丽而招牌较黑，一打听才知道是清洗公司只负责洗楼不负责洗招牌的结果。他立即抓住这一空当，买了人字梯、水桶和抹布，办起一个小型清洗公司，专门负责擦洗招牌。如今他的公司已有150多个打工者，业务已由上海发展到杭州和南京。

前不久，他坐火车去北京考察清洗市场。在北京火车站，一个捡破烂儿的人把头伸进软卧车厢，向他要一只啤酒瓶，就在递瓶时，两人都愣住了，因为五年前，他们曾换过一次车票。

1. 单项选择题

(1)从上面的故事可以看出，人生选择具有(　　)的特点。

A. 多样性　　B. 唯一性　　C. 巧合性　　D. 随意性

(2)故事中的两个人面对现实环境作出了不同的选择，这说明人生选择具有多种可能性的客观基础是(　　)。

A. 人生可以确立多个奋斗目标　　B. 人生是变化发展的

C. 物质世界的多样性　　D. 天无绝人之路

2. 情景是非题

选择去上海的人最后取得了成功，是因为他能根据客观实际及自身条件作出正确的职业选择。(　　)

3. 多项选择题

(1)结合故事,以下关于人生选择的说法中正确的有(　　)。

A. 物质世界的多样性和人生未来的不确定性为人生选择提供了多种可能性

B. 人生选择要考虑客观实际

C. 人生选择只需要考虑自己的兴趣爱好

D. 人生选择要与自身实际相结合

(2)故事中的两个人,选择不同,命运不同,带给我们的启发有(　　)。

A. 人要在选择中学会正确取舍

B. 人生选择要积极创造条件,才能将可能性转化为现实性

C. 人生选择离不开个人的主观努力

D. 人各有所长,要根据自己的能力进行选择

4. 实践问答题

运用本节课所学的知识分析你选择现在所学的专业的客观实际及自身实际情况,并对自己的选择作出综合评价。

我的专业	客观实际	自身实际
综合评价		

【学习评价】

项目	A级	B级	C级	自评	互评	师评
活动参与	积极参与课堂活动,大胆表达自己的意见,大胆提问	能参与课堂活动,按要求完成课堂任务,认真听讲	不积极参与课堂活动,不认真听讲			
发言质量	积极举手发言,表达清晰,逻辑性强,观点明确	能举手发言,基本能表达清楚观点	很少举手发言,没有认真思考,观点表达不清楚			
组内贡献	善于合作,能带领组内同学进行讨论交流,高质量地完成任务	能与人合作,听取别人的意见,完成分内的任务	缺乏合作精神,不积极参与组内活动,不听取别人的意见			
作业质量	认真完成各项作业,质量高,能运用所学哲理分析问题、解决问题	能完成作业,但不能灵活运用所学知识分析问题、解决问题	不完成作业,敷衍马虎			

续表

项目	A级	B级	C级	自评	互评	师评
个人进步	与上节课相比进步明显，专心听讲，积极参与活动，认真完成作业	与上节课相比维持原样，没有进步	与上节课相比各方面表现退步很大			

【引思明理】

人生路，千万条，
作选择，要三思。
看环境，识自己，
肯努力，终美好。

【学有所获】

本节课我最喜欢的环节是	
本节课我印象最深刻的是	
本节课我学习到的哲理是	
本节课我的疑惑是	

【哲理故事】

向洋葱认输

麦当劳是世界上最大的连锁快餐店之一。2009年10月31日午夜，麦当劳在冰岛结束这一天营业的同时，也结束了在冰岛长达16年的营业史，全面退出了冰岛市场，甚至没有表示会有重新开张的一天！麦当劳总部对此发表声明说，在冰岛开展业务是一项非常大的挑战。然而与此同时，麦当劳在冰岛的总经销商曼德森却表示，麦当劳在冰岛的生意一直十分兴隆:“每到就餐时,汹涌的人潮是任何别的地方都没有的!”既然生意这么好,那是什么原因使麦当劳选择了退出呢?谁也想不到,让麦当劳认输的,竟然不是同行业的竞争,而是冰岛的洋葱!

冰岛这个位于大西洋中的岛国农业不发达,大部分农作物都来自德国,包括麦当劳的许多食物里必不可少的原料——洋葱。然而,麦当劳于1993年决定在冰岛开设分店时,并没有对此作仔细的调查,麦当劳总部想当然地认为,洋葱只是一种随处可见的便宜货,到开张之后才发现,冰岛的洋葱贵得出奇,购买一个普通大小的洋葱,需要卖掉几十个巨无霸汉堡才够本!

既然开张了,麦当劳只能选择坚持。长期以来,麦当劳在冰岛的生意虽然看上去红火,但利润实在是薄之又薄。冰岛的麦当劳特许运营商奥格蒙特森用一句话描述了这些年的经营状况:“我一直在不断亏钱。”

金融风暴使冰岛克朗大幅贬值,欧元逐渐走强,加之进口食品税率提高,导致成本上升,更加大了麦当劳的经营难度。在冰岛的首都雷克雅未克,一个巨无霸汉堡的售价为650冰岛克朗,如果要获得利润,就必须将价格上涨到780冰岛克朗。如果是这个价格,那么麦当劳就根本不会成为人们的选择。而购买一个普通大小的洋葱,按曼德森的话来说:“要花掉购买一瓶上等威士忌酒的钱。”

因为洋葱的高价,麦当劳这个几乎所向披靡的全球快餐巨无霸在冰岛低头认了输。

有人说这是冰岛不产洋葱导致的,也有人说这是金融危机导致的,这些观点不能说错了,但最根本的原因是麦当劳在决定开拓冰岛这片市场的时候忘记了一件事:冰岛的洋葱从哪里来?

正是因为忽略了这个细节,最终导致了麦当劳在冰岛的失败。

任何整体都是由部分构成的,整体的发展要考虑所有细节,忽略细节就可能造成巨大损失,正所谓一着不慎,满盘皆输。全面思维、整体思维是做事情的重要思维方式。

阅读感悟:

【走进心灵】

丰富多彩的人生充满酸甜苦辣,喜怒哀乐。老师愿意分享你的快乐,驱散你的忧愁。

我想对老师说：
老师对我说：

第二课　物质运动与人生行动

一、积极行动，实现人生发展

【活动体验 1】观察力考察

你发现学校环境、同学在新学期都有哪些变化？请写下来，比一比哪个小组写得多。

学校环境、同学	原来的情况	现在的变化

【活动体验 2】补充诗句

比一比谁能在最短的时间内补充完整下列诗句。

年年岁岁花相似，______________________
逝者如斯夫，__________________________
士别三日，____________________________
李杜诗篇万口传，______________________
江山代有人才出，______________________
忽如一夜春风来，______________________
青山依旧在，__________________________

这些诗句的共同特点是：

【活动体验 3】“日事日清”行动计划

“日事日清”是海尔的管理模式，指每个人都清楚自己每天的工作目标，今日事今日毕，当天发现问题当天解决。大家一起来尝试一下。

时间	任务	完成情况	自我评价	改进措施
第一天				
第二天				
第三天				
第四天				
第五天				
第六天				
第七天				

【学以致用】

随着社会的发展,创业这个词渐入人心,不少人都开始重视起创业来,但是大部分想创业的人都一样,晚上想想千条路,早上起来走原路。他们能想出非常多创业的好点子,但是从来没有去执行过,因为他们有太多的借口和理由。

阿里巴巴无疑是中国互联网史上的一个奇迹,这个奇迹是由马云和他的团队创造的。阿里巴巴创业开始时钱并不多,只有50万元,是18个人东拼西凑凑起来的。50万元,是他们全部的家底。然而,马云却喊出了这样的宣言:我们要建成世界上最大的电子商务公司,要进入全球网站排名前十位,那是1999年。这一年,中国的互联网已经进入了白热化状态,国外风险投资商疯狂地给中国网络公司投钱,网络公司也疯狂地烧钱。50万元,只不过是新浪、搜狐、网易这样大型的门户网站一笔小小的广告费而已。

阿里巴巴创业开始时相当艰难,每个人的月工资只有500元,公司恨不得把一分钱掰成两半来用。外出办事,都发扬“出门基本靠走”的精神,很少打车。据说有一次大伙出去买东西,东西很多,实在没办法了,只好打车。大家在马路上向的士招手,来了一辆桑塔纳,他们摆手不坐,一直等到来了一辆夏利,他们才坐上去,因为夏利每千米的费用比桑塔纳便宜2元钱。阿里巴巴曾经因为资金的问题,到了几乎维持不下去的地步。

8年过去了。2007年11月6日,阿里巴巴在香港联交所上市,市值200亿美元,成为中国市值最高的互联网公司。

1. 单项选择题

(1)以下关于物质运动的理解错误的是(　　)。

A. 运动是物质的固有属性和存在方式　　B. 运动是绝对的，静止是相对的

C. 世界上存在许多不运动的事物　　D. 不运动的物质是根本不存在的

(2)马云和他的团队缔造了互联网史上的奇迹，这不是空想出来的，而是脚踏实地干出来的，这说明(　　)。

A. 人生行动决定人生发展

B. 目标和理想都需要通过行动才能实现

C. 每个人的人生都是由一连串的行动构成的

D. 以上说法都正确

2. 情景是非题

马云创业成功的根本原因是团队懂得节约用钱。(　　)

3. 多项选择题

(1)马云创业成功的案例告诉我们的道理是(　　)。

A. 人生目标的实现贵在积极行动　　B. 成功者必是立即行动者

C. 涉足新鲜行业就能创业成功　　D. 要用积极行动的心态实现人生发展

(2)马云创业的过程并不是一帆风顺的，而是很艰难地克服了各种困难，这说明(　　)。

A. 要立即行动，就要敢于行动，不怕失败

B. 敢于行动，就要有决断之勇、克服苦难之勇和坚持到底之勇

C. 敢于行动，要掌握事物发展规律

D. 失败和挫折是实现人生目标的必经之路

4. 实践问答题

请在网络上搜索马云的创业史，观看马云的演讲视频，并结合自己的经历写一段感想。

【学习评价】

项目	A级	B级	C级	自评	互评	师评
活动参与	积极参与课堂活动，大胆表达自己的意见，大胆提问	能参与课堂活动，按要求完成课堂任务，认真听讲	不积极参与课堂活动，不认真听讲			
发言质量	积极举手发言，表达清晰，逻辑性强，观点明确	能举手发言，基本能表达清楚观点	很少举手发言，没有认真思考，观点表达不清楚			
组内贡献	善于合作，能带领组内同学进行讨论交流，高质量地完成任务	能与人合作，听取别人的意见，完成分内的任务	缺乏合作精神，不积极参与组内活动，不听取别人的意见			
作业质量	认真完成各项作业，质量高，能运用所学哲理分析问题、解决问题	能完成作业，但不能灵活运用所学知识分析问题、解决问题	不完成作业，敷衍马虎			

续表

项目	A级	B级	C级	自评	互评	师评
个人进步	与上节课相比进步明显，专心听讲，积极参与活动，认真完成作业	与上节课相比维持原样，没有进步	与上节课相比各方面表现退步很大			

【引思明理】

万事物，皆运动；
人生路，贵行动。
不犹豫，勿拖延；
要勇敢，心智坚。

【学有所获】

本节课我最喜欢的环节是	
本节课我印象最深刻的是	
本节课我学习到的哲理是	
本节课我的疑惑是	

【哲理故事】

小女孩艾米

艾米是一个可爱的小姑娘，可是她有一个坏习惯，就是她每做一件事，都要花大量的时间做准备工作，而不是立刻采取行动。

索顿先生和艾米同在一个村子，他经营一家水果店，出售草莓等本地产的水果。一天，索顿先生对贫穷的艾米说："你想自己挣钱吗？"

"当然想，"她回答，"我一直都想有一双新鞋，但家里太穷。"

"好的,艾米。"索顿先生说,"格林家的牧场里有很多长势很好的草莓,他们同意让人去采摘。你去摘了以后把它们卖给我,我付你 13 美分 1 夸脱。"

艾米听说可以挣钱,别提多高兴了。于是她迅速跑回家,拿了一个篮子,准备马上就去摘。

但这时,她不由自主地想到,我应该先算清楚 5 夸脱草莓值多少钱。于是她拿出一支笔和一块小木板,计算结果是 65 美分。

"要是采摘 12 夸脱呢?"她计算着,"那又有多少钱呢?"

"简直难以相信!"她得出答案,"我能得到 1 美元 56 美分呢!"

艾米接着算下去,要是采了 50、100、200 夸脱,她能赚多少钱。她将不少时间花费在计算上,转眼间已经到了中午,她只得下午再去采草莓了。

艾米吃过午饭后,急急忙忙拿起篮子向牧场赶去。但是有许多人上午就去了,他们都快把好草莓摘光了,艾米只采到 1 夸脱草莓,那些账都白算了。

在回家的途中,老师的教诲回荡在艾米耳边:"办事得尽早着手,干完后再去想。因为一个实干者胜过一百个空想家。"

想象总是很美好,而实干则很艰难。只有付出实际行动,撸起袖子加油干,才能把美好想象、人生理想变为现实。不要做思想的巨人、行动的矮子,要做勇于实践、敢于行动的战士。

阅读感悟:

【走进心灵】

丰富多彩的人生充满酸甜苦辣,喜怒哀乐。老师愿意分享你的快乐,驱散你的忧愁。

我想对老师说:
老师对我说:

二、把握客观规律，善于行动

【活动体验 1】我的一天

请详细记录你一天的学习生活，反思一下安排是否科学、合理，并请同桌给你一些建议。

学习生活内容	时间安排	是否完成
自我反思		
同桌建议		

【活动体验 2】吹纸小实验

两张纸自然下垂，间距为 15~20 厘米，向两张纸中间吹气，纸会产生什么变化？请在下框中记录实验结果并说明原因。

实验结果	
原因分析	

【学以致用】

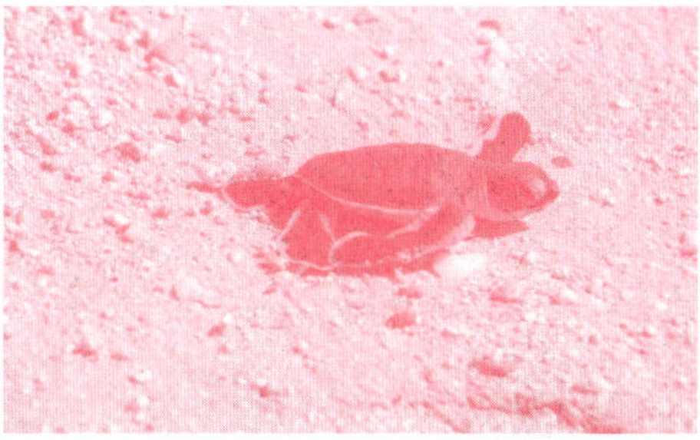

有一次，一群科学家在海边考察，发现一只小海龟从沙滩上的一个洞穴里探出头来四处张望，在确认没有危险之后，慢慢地、警惕地朝海里爬。这时，一只在空中盘旋的海鸟发现了它，便冲了下来，小海龟急忙掉头往回跑。这群科学家见状，恻隐之心顿生，决定帮小海龟一把。他们跑过去抱起小海龟，把它放到海里去。正当他们为自己的“义举”而沾沾自喜时，始料不及的事发生了。洞穴里别的小海龟见爬出去的那只小海龟没有回来，以为外面安全了，便纷纷往外爬。这立即引来了一大群海鸟，它们不断地冲下来，享用着丰盛的美餐。实际上第一只爬出来的小海龟是出来探路的哨兵，一旦有危险就回去报信。人们出于好心帮了这只小海龟，却害惨了整窝海龟。

1. 单项选择题

(1)整窝海龟被海鸟吃掉的原因是(　　)。

A. 科学家们没有掌握关于海龟习性的自然法则

B. 海鸟遇到海龟是一种巧合

C. 科学家们把海鸟引来了

D. 科学家们没有及时阻止海鸟吃掉海龟

(2)科学家们本想帮助小海龟，没想到给整窝海龟带来了灾难，这说明(　　)。

A. 敢于行动不等于成功行动

B. 要成功行动，就要发现事物的规律

C. 盲目行动而不顾客观规律，只能是失败的行动

D. 以上说法都正确

2. 情景是非题

小海龟的故事告诉我们，规律是客观的，想问题、办事情要遵循客观规律。(　　)

3. 多项选择题

(1)如何理解哲学中的规律？(　　)

A. 规律是物质运动过程中固有的、本质的、必然的、稳定的联系

B. 规律可以被人认识和利用

C. 规律是客观的，不以人的意志为转移

D. 只有自然界才有规律可循

(2)结合故事，以下说法中正确的有(　　)。

A. 物质运动是有规律的，大自然也有自然法则，不以人的意志为转移

B. 人们如果不掌握自然法则，过度保护动物，其实是对动物的伤害

C. 人生行动也要把握规律，积极行动

D. 规律看不见、摸不着，做事情的时候不用理会

4. 实践问答题

结合本节课所学的知识，想一想你目前需要立即行动的事情是什么。应该如何行动？请制定具体实施措施。

【学习评价】

项目	A级	B级	C级	自评	互评	师评
活动参与	积极参与课堂活动，大胆表达自己的意见，大胆提问	能参与课堂活动，按要求完成课堂任务，认真听讲	不积极参与课堂活动，不认真听讲			
发言质量	积极举手发言，表达清晰，逻辑性强，观点明确	能举手发言，基本能表达清楚观点	很少举手发言，没有认真思考，观点表达不清楚			
组内贡献	善于合作，能带领组内同学进行讨论交流，高质量地完成任务	能与人合作，听取别人的意见，完成分内的任务	缺乏合作精神，不积极参与组内活动，不听取别人的意见			
作业质量	认真完成各项作业，质量高，能运用所学哲理分析问题、解决问题	能完成作业，但不能灵活运用所学知识分析问题、解决问题	不完成作业，敷衍马虎			
个人进步	与上节课相比进步明显，专心听讲，积极参与活动，认真完成作业	与上节课相比维持原样，没有进步	与上节课相比各方面表现退步很大			

【引思明理】

做事情，切莫急；
勿冲动，多思考；
循规律，找方法。

【学有所获】

本节课我最喜欢的环节是	
本节课我印象最深刻的是	
本节课我学习到的哲理是	
本节课我的疑惑是	

【哲理故事】

细节是一个人心灵的真实反映

一个大学生毕业后去了广州，想靠打工闯出一片天地来。但很不幸，一下火车，他的钱包就被偷了，钱和身份证都没有了。

受冻挨饿两天后，他决定去捡垃圾——虽然受人歧视，但至少能够解决吃饭问题。

一天，他正在低头捡垃圾，忽然觉得背后有人在看自己。回头一看，是个中年人。中年人拿出一张名片："这家公司正在招聘，你可以去试试。"

那是一个很热闹的场面——五六十个人挤在大厅里，其中很多人都西装革履，相形之下他有点儿自惭形秽，想偷偷离开，但最终还是没走。

他一递上名片，工作人员马上对他说："恭喜你，你已经被录取了。这是我们总经理的名片，他曾吩咐，有个青年会拿着名片来应聘，只要他来，就成为我们公司的一员。"

就这样，没有经过任何面试，他进入了这家公司。后来，他成了公司的副总经理。

一次闲聊时他问总经理："你为什么选择我？""因为我会看相，知道你是栋梁之材。"说完，总经理不禁大有深意地一笑。

过了两三年，公司业务越做越大，总经理要去新城市开发新业务。临走时，将这个城市的所有业务都委托给了他。

送行那天，他和总经理在候机贵宾室里面对面坐着。

"你肯定还在纳闷儿，我为什么会选择你。那次我偶然发现你在捡垃圾，就观察了你很久。你每次都把有用的东西拣出来，将剩下的垃圾归好再放回垃圾箱。当时我想，如果一个人在这样艰难的环境下还能够注意到这种细节，那么无论他是什么学历、什么背景，我都应该给他一个机会。而且连这种小事都可以做到一丝不苟的人，肯定会成功。"

细节决定成败，细节体现修养，细节见证品质。养成注重细节的习惯，我们总会在工作、生活的某一个环节受惠于这个优秀品质。

阅读感悟：

【走进心灵】

丰富多彩的人生充满酸甜苦辣,喜怒哀乐。老师愿意分享你的快乐,驱散你的忧愁。

我想对老师说:
老师对我说:

第三课 自觉能动与自强不息

一、人生是自觉能动的过程

【活动体验 1】头脑风暴

请在一分钟内尽可能多地写出人比动物高明之处。

【活动体验 2】游戏:撕思人生

(1)发给每位同学一张白纸。

(2)在所发的白纸上画一条长线段,在起点写上你的出生日期和年龄 0 岁,在终点标注自己预测的死亡年龄。

(3)在线段下写出你今后的人生中最迫切想要实现的三件事。

(4)在线段的适当位置标注你想功成名就的年龄,然后将这之后的线段撕下来。

(5)剩下的线段有多少? 你手中拿的线段代表什么时间? 有多长?

1. 面对这张纸，你有何感受？

2. 有限的可以用来努力学习和拼命工作的时间，我们应该怎样利用？

【学以致用】

港珠澳大桥是连接香港、珠海、澳门的超大型跨海通道。它是世界上最长的跨海大桥，被称为“新的世界七大奇迹”。它拥有世界上最长的沉管海底隧道，是世界上最具挑战性的超级工程之一。

港珠澳大桥总长 55 千米，主体工程由 6.7 千米的海底沉管隧道，长达 22.9 千米的桥梁，逾 20 万平方米的东、西人工岛组成，即“桥—岛—隧”一体。

港珠澳大桥是中国建设史上里程最长、投资最多、施工难度最大的跨海桥梁。作为世界上最大的钢结构桥梁，港珠澳大桥仅主梁钢板用量就达到了 42 万吨，相当于 10 座鸟巢或者 60 座埃菲尔铁塔的质量。它拥有世界上最长的沉管海底隧道，全长约 6.7 千米，由 33 节沉管对接而成，每一节重达 8 万吨，甚至比航空母舰还大！

港珠澳大桥预计使用寿命为 120 年，比目前世界跨海大桥的普遍使用寿命长 20 年。大桥的建设者们创造了“一年十管”的中国速度，在半个月内连续安装两节沉管，最终接头偏差为毫米级。

港珠澳大桥拉近了三地的通行距离。一桥飞架，将珠海和港澳两地的通行时间从过去的陆路 3~4 个小时、水路逾 1 小时压缩到 20~30 分钟，并首次实现珠海、澳门与香港的陆路对接，极大地缩短了港珠澳三地间的距离。

港珠澳大桥为三地长远的经济发展，旅游、金融、贸易、商业和物流等行业带来了新机遇。港珠澳大桥也拉近了内地人民与港澳人民之间的心灵距离，这个三地共同的新地标必将成为三地人民共同的心之印、爱之结。

港珠澳大桥还拥有超高的颜值，在无人机航拍的镜头下，这条“巨龙”横跨大海，十分壮观。

1. 单项选择题

（1）港珠澳大桥的建成体现的哲学道理是（　　）。

A. 人类很聪明，想做什么就能做什么

B. 人类能充分发挥自觉能动性认识和改造客观世界

C. 人的思想意识决定了物质世界

D. 人类可以随心所欲地创造世界上没有的东西

（2）人类建造港珠澳大桥充分体现了人类比动物高明之处在于（　　）。

A. 人类是有思想意识的　　B. 人类有改造世界的能力

C. 人类有认识客观规律的能力　　D. 以上说法都对

2. 情景是非题

港珠澳大桥的建成是人类在把握客观规律的基础上充分发挥自觉能动性的结果。（　　）

3. 多项选择题

（1）结合港珠澳大桥的案例，以下关于人的自觉能动性的说法中正确的有（　　）。

A. 自觉能动性是人特有的能力，是人区别于动物的根本特点

B. 人的自觉能动性的发挥要尊重客观规律

C. 人的自觉能动性还表现为在认识世界和改造世界的活动中所具有的精神状态，即通常所说的决心、意志、干劲等

D. 人类的存在和发展都是自觉能动的过程

（2）作为一名中职生，不能“等靠要”，而要（　　）。

A. 充分发挥自觉能动性，规划好自己的未来　B. 提高自己的认识能力和实践能力

C. 磨炼自己的意志品质　　D. 主动创造，敢于创新

4. 实践问答题

有一类人的生活状态是：一直无业，二老啃光，三餐饱食，四肢无力，五官端正，六亲不认，七分任性，八方逍遥，九（久）坐不动，十分无用。这是生活中的哪一类人？请你结合本节课所学的知识谈一谈对这一类人的看法。

【学习评价】

项目	A 级	B 级	C 级	自评	互评	师评
活动参与	积极参与课堂活动，大胆表达自己的意见，大胆提问	能参与课堂活动，按要求完成课堂任务，认真听讲	不积极参与课堂活动，不认真听讲			
发言质量	积极举手发言，表达清晰，逻辑性强，观点明确	能举手发言，基本能表达清楚观点	很少举手发言，没有认真思考，观点表达不清楚			
组内贡献	善于合作，能带领组内同学进行讨论交流，高质量地完成任务	能与人合作，听取别人的意见，完成分内的任务	缺乏合作精神，不积极参与组内活动，不听取别人的意见			

续表

项目	A级	B级	C级	自评	互评	师评
作业质量	认真完成各项作业，质量高，能运用所学哲理分析问题、解决问题	能完成作业，但不能灵活运用所学知识分析问题、解决问题	不完成作业，敷衍马虎			
个人进步	与上节课相比进步明显，专心听讲，积极参与活动，认真完成作业	与上节课相比维持原样，没有进步	与上节课相比各方面表现退步很大			

【引思明理】

人之灵性，贵在能动；
改造世界，尊重规律；
积极行动，把握命运。

【学有所获】

本节课我最喜欢的环节是	
本节课我印象最深刻的是	
本节课我学习到的哲理是	
本节课我的疑惑是	

【哲理故事】

如果人生有了污点

读初中时，美术老师请来了市里的一位老画家，在课堂上为我们现场作画。

老画家的腿有点残疾，当他走上讲台准备作画时，由于右腿站立不稳，一个趔趄，只见他手中的笔抖落一滴墨汁，正好溅在画纸上。美术老师赶忙上前扶住老画家，问是否要把这张弄脏了的画纸换掉。老画家摆摆手说："不必。"

由于那滴溅落的墨汁正好位于画纸中央，看得出老画家对它颇费思量，手中的狼毫在砚盘里蘸了一下又一下……突然，老画家迅速提笔、运笔，画纸上出现了一只展翅高飞的雄鹰，

那滴墨汁竟成了雄鹰爪下紧攥的一颗石子。老画家的精巧构思和布局赢得了阵阵掌声。

最后,美术老师代表全体同学向老画家表示感谢。他说:"感谢老画家给我们上了生动的一课,他不仅教给了我们画画的技巧,也教给了我们做人的道理。同学们,人生就像一张画纸,如果刚刚开始的人生就有了污点,那该怎么办?"

"像老画家对待那张有墨汁的画纸那样,依然珍惜它、爱护它,永不自暴自弃。"我们回答道。

"对!"美术老师激动起来,"同学们,如果人生的画纸有了污点,只要我们勇敢地面对,照样可以画出最美的图画,照样可以像老画家笔下的雄鹰那样展翅高飞。智慧和勇气终会帮助我们战胜污点,并把它踩在脚下。"

人生如画纸,每个人都在绘制自己的人生。如果画纸有了污点,不抱怨,不气馁,不自卑,而是勇敢面对,积极思考,照样可以画出最美、最精彩的画面。画纸上的污点犹如人生中的挫折和困难,我们要不回避困难,变不利为有利,勇敢地书写精彩人生。

阅读感悟:

【走进心灵】

丰富多彩的人生充满酸甜苦辣,喜怒哀乐。老师愿意分享你的快乐,驱散你的忧愁。

我想对老师说:
老师对我说:

二、自强不息，走好人生每一步

【活动体验1】游戏：坚持就是胜利

游戏准备：

(1)教师准备几张扑克牌大小的白纸；

(2)在白纸上写一段英文。

游戏规则：

(1)每小组派一个代表参加比赛；

(2)每个代表抽取一张纸；

(3)教师喊开始的时候，参加比赛的同学以蹲马步的状态背诵纸上的英文；

(4)比一比谁能坚持到最后。

我是旁观者，我对这个游戏的感受是：

我是参与者，我对这个游戏的感受是：

【活动体验2】观察：自立自强你我他

观察、思考自己、同学和家人有哪些自立自强的表现？

我	什么事	如何表现	自己的心理感受
谁	什么事	如何表现	大家对他的评价
谁	什么事	如何表现	大家对他的评价

【学以致用】

有这样一位中国作家,他出生于湘西凤凰的一户普通人家,只上过私塾小学,15岁的时候被家人送去当兵,20岁时孤身一人到北京闯荡。

初到北京,他一心想进大学读书,先到北京大学,招生的人一问他的情况,说他只有"小学文化",没有资格报考,连报名费都退回来了。他又转而报考燕京大学,还是被认为学历太低,不够资格进入大学读书。连连遭拒之后,他只好放弃了读大学的打算,决心自学写作,用手中的一支笔打出自己的一片天下。"进入一个我永远无法毕业的学校,学习那课永远学不尽的人生。"

幸好,不久他得到了郁达夫、徐志摩等人的帮助,到北京大学图书馆当了一名馆员。他除了工作就是拼命读书,拼命写作。那时的他原本就身体瘦弱,健康状况很差,加上营养跟不上,又只顾着夜以继日地读书、写作,所以常常流鼻血,而且一流起来就很难止住。有时候他强力支撑着在夜里写作,竟然晕倒在自己的一摊鼻血里,直到第二天早上才被人发现。但醒来后他依然故我,丝毫不担心自己的身体。

那个时期,他就住在湖南会馆西面的一间阴冷潮湿、散发着霉味的小亭子间里。房间夏天热得要"死",冬天又冻得寒彻骨缝,他没有钱买煤,无法生火取暖。于是,每逢下大雪的日子,在那个没有炉子的亭子间里,这个瘦弱的青年将所有衣服都紧紧地裹在身上,腿上盖着破棉被,流着鼻血,用生着冻疮流血的双手不停地挥笔写着。在寒冷的冬天,他几乎冻饿而死,但为了他的文学梦,他还是顽强地挺过来了。当然他也有犯愁的时候,不过都不是为了生活,而是因为一时之间竟然无书可读,没有文学的东西来"消化"。

这样的日子他足足过了两年,到了22岁的时候,他因写作一举成名,26岁去上海创办文学杂志,27岁被胡适聘请为上海中国公学讲师,28岁在青岛大学执教,36岁到西南联大师范学院任副教授,第二年被北京大学聘为教授。当他再次回到北京大学的校园时,所有知晓他经历的人都不禁感叹:谁能想得到,这个当初因为只读过小学而被北京大学拒绝接受为学生的人,今日却成了北京大学的教授。他,就是著名作家沈从文先生。

1. 单项选择题

(1)面对客观现实条件,沈从文先生克服万难,坚持写作,实现了文学梦,这充分说明了一个哲学道理:(　　)。

A. 人具有自觉能动性

B. 实现梦想要靠运气

C. 上不上大学并不重要

D. 人所处的环境越糟糕,越能成功

(2)下列诗句哪个不是反映自强不息的精神的?(　　)

A. 天行健，君子以自强不息

B. 宝剑锋从磨砺出，梅花香自苦寒来

C. 桃花潭水深千尺，不及汪伦送我情

D. 路漫漫其修远兮，吾将上下而求索

2. 情景是非题

沈从文先生坚持读书、写作，终于实现了文学梦，说明远大理想的实现需要充分发挥自觉能动性，要有自强不息的精神。(　　)

3. 多项选择题

(1)结合沈从文先生的故事，以下关于走好人生路的理解正确的有(　　)。

A. 走好人生路，既要有远大的理想，又要脚踏实地

B. 走好人生路，需要有强大的精神力量支撑

C. 只有自强不息，才能实现自我，走好人生路

D. 走好人生路，要充分发挥人的自觉能动性

(2)沈从文先生的经历给我们的学习、生活的启发有(　　)。

A. 成功不会是一帆风顺的

B. 树立人生理想是实现人生价值的前提

C. 人生理想的实现需要坚韧不拔的意志及自强不息的精神

D. 自胜者强

4. 实践问答题

自强不息的精神是达成目标、克服困难的精神力量，在现实生活中你是如何培养自己自强不息的精神的？你还能找到哪些具体可行的方法？请分享一下。

【学习评价】

项目	A 级	B 级	C 级	自评	互评	师评
活动参与	积极参与课堂活动，大胆表达自己的意见，大胆提问	能参与课堂活动，按要求完成课堂任务，认真听讲	不积极参与课堂活动，不认真听讲			
发言质量	积极举手发言，表达清晰，逻辑性强，观点明确	能举手发言，基本能表达清楚观点	很少举手发言，没有认真思考，观点表达不清楚			
组内贡献	善于合作，能带领组内同学进行讨论交流，高质量地完成任务	能与人合作，听取别人的意见，完成分内的任务	缺乏合作精神，不积极参与组内活动，不听取别人的意见			

续表

项目	A级	B级	C级	自评	互评	师评
作业质量	认真完成各项作业，质量高，能运用所学哲理分析问题、解决问题	能完成作业，但不能灵活运用所学知识分析问题、解决问题	不完成作业，敷衍马虎			
个人进步	与上节课相比进步明显，专心听讲，积极参与活动，认真完成作业	与上节课相比维持原样，没有进步	与上节课相比各方面表现退步很大			

【引思明理】

不好高骛远，不妄自菲薄，
漫长人生路，跌宕总有时。
要把握规律，要自信自强，
以自觉能动，创美好人生。

【学有所获】

本节课我最喜欢的环节是	
本节课我印象最深刻的是	
本节课我学习到的哲理是	
本节课我的疑惑是	

【哲理故事】

坚持不懈成就人生

拿破仑出身于穷困的科西嘉没落贵族家庭。他父亲送他进了一所贵族学校，但他的同学却讽刺他的穷苦。拿破仑非常愤怒，却只能默默忍受，就这样他忍受了5年。可是每一种欺侮、每一种轻视的态度，都增强了他的决心。他发誓要做给他的同学看看,他有多么了不起。

做一个了不起的人,当然很困难。他从来也不空口自夸,只是在心里暗暗计划,利用那些没有头脑却傲慢的人做桥梁,最终出人头地。

在拿破仑 16 岁当少尉的那年,他父亲去世了。从那以后,他不得不从微薄的薪金中省一些给母亲。当他接受第一次军事征召时,必须步行到遥远的发隆斯去加入部队。

他到了部队时后,看见他的同伴在闲暇时追求女人和赌博,便改变了方针,用埋首读书的方法努力和他们竞争。他可以不花钱从图书馆借书读,从书中获取大量营养。

拿破仑从不读没有意义的书,一直为实现自己的理想作准备。他下定决心要让全天下的人知道自己的才华。他住在一个既小又闷的房间内,他面无血色,孤寂、沉闷,但是却不停地努力下去。

经过几年的努力,拿破仑从书籍上摘抄下来的记录达 400 多页。他将科西嘉岛的地图画了出来,地图上清楚地标出哪些地方应当布置防范,这是用数学方法算出的。因此,他的数学才能得到了提高,这是他第一次表现自己的能力。

长官赏识他的才华,便派他在操练场上执行一些任务,这要求具有极强的计算能力。因工作出彩,他获得了新的机会,开始走上有权势的道路。

此刻,一切都发生了变化。

从前嘲笑他的人,现在都拥到他面前来;从前轻视他的人,现在都希望成为他的朋友;从前嘲笑他是一个矮小、无用、死用功的人,现在都转而尊重他。

难道这是天才造成了奇异的改变吗?抑或是因为不停地工作而获得了成功呢?他很聪慧,也确实肯下功夫,不过还有一种力量比知识、聪明更重要,那就是坚韧。

这世界上没有别的东西可以替代坚韧。在刚强坚毅者的眼里,没有所谓的滑铁卢,有毅力之人做事时总是埋头苦干,直到成就大业。

持之以恒是人应有的美德。对于志在成大事者而言,不论面对怎样的困境、多大的打击,都不会放弃最后的努力。成功不是等待来的,而是奋斗来的。

阅读感悟:

【走进心灵】

丰富多彩的人生充满酸甜苦辣,喜怒哀乐。老师愿意分享你的快乐,驱散你的忧愁。

我想对老师说：
老师对我说：

第二单元　用辩证的观点看问题 形成积极的人生态度

第四课　普遍联系与人际和谐

一、用普遍联系的观点看待人际关系

【活动体验 1】游戏：绘制我的人际关系图

在下框内把自己的名字写在中间，然后画出与自己有关系的人物关系图，越详细越好。画好后谈一谈自己的感受。

【活动体验 2】观察校园

校园是师生共同学习、生活的地方，请描述一下校园内和谐的和不和谐的人际关系场景，并进行点评。

校园内和谐的人际关系场景	
校园内不和谐的人际关系场景	

【学以致用】

在2005年央视春节联欢晚会上，舞蹈《千手观音》以震撼人心的艺术魅力，一夜之间感动了全中国。虽然节目获奖时大家看到的是编导张继钢和领舞演员邰丽华在领奖，实际上在他们的背后站着一个群体，这个群体里有4个手语老师，还有20个没有上台领奖的舞蹈演员。

也许我们只看见了优美的身段和婀娜的体态，可是谁曾料到，在21个演员中还有9个男演员。当初由于找不到合适的女演员，编导张继钢大胆采用了这9个年轻的小伙子。

排练时，张导演对这9个聋哑男孩说：在整个舞蹈中，我不允许出现男人的手，不允许出现男人的舞姿，你们都得学会兰花指。

一开始做兰花指时，他们伸出的手指都是僵硬的，挺难看。于是每个女演员都教男演员。舞蹈老师们甚至采取了非常手段，要求男演员们每天压手：将手掌的前半截贴在墙壁上，和后半截手掌尽量成90°，一压就是几小时，或者互相掰手。但没有一个男演员喊疼，没有一个男演员中途放弃，他们心中只有一个目标，就是努力达到老师的要求。

《千手观音》的每一个画面都让观众难以预料，有如梦幻。当舞者把手伸起来时，观众以为要出手了，实际上是开始手指的变化。当整个扇面出去以后，舞者要把三分之二的手收回来，在手和手之间，抖动着把它重新展开，简直就像闪光一样。这些动作安排使“千手”尽善尽美，将艺术的美感发挥到了极致，给人以变幻莫测的感觉。

《千手观音》的编导张继钢说：“我对演员们说过，这个作品绝大多数时候只允许看到一张脸，但不是邰丽华的脸，不是演员的脸，而是观音的脸，你们应该进入角色。21个演员要用整齐划一的舞蹈表达心灵的语言，给关爱他们的所有人传送新春的祝福。”

演员们都深深懂得这个道理。站在后面的演员都不露脸，观众完全看不到他们的脸，更不会记住他们。但大家并没有因此而不满，没有一丝一毫去想自己的名和利。

邰丽华一次次去领悟，她明白了不是要展现自我，恰恰是要忘记自我。观音的形象充满了爱与善，代表着东方女性的典雅，是从内心散发出的安详与平和。她用身体、用手、用眼睛，甚至细微到用呼吸和心跳来表达。

人生也如同一场华丽的舞蹈。每个人都处于不同的团队中，都与他人紧密相连。个人努力成就他人，成就团队，个人价值也同样得到彰显。

1. 单项选择题

（1）舞蹈《千手观音》充分体现了哲学中的哪一种联系？（　　）

A. 整体与部分的联系　　B. 必然联系和偶然联系

C. 内部联系与外部联系　　D. 直接联系与间接联系

（2）联系是事物之间和事物内部各要素之间相互作用、相互影响、相互制约的关系，联系具有(　　)。

A. 普遍性　　B. 客观性　　C. 多样性　　D. 制约性

2. 情景是非题

在《千手观音》这个舞蹈中，邰丽华是最重要的舞蹈演员，她是整个舞蹈能否演出成功的唯一决定因素。(　　)

3. 多项选择题

(1)下列体现联系的观点有(　　)。

A. 城门失火，殃及池鱼　　B. 春江水暖鸭先知

C. 一着不慎，满盘皆输　　D. 竹篮打水一场空

(2)结合舞蹈《千手观音》，以下关于人际关系的说法正确的有(　　)。

A. 要用普遍联系的观点看待人际关系

B. 在人际关系中，不能只看到我，而忽视他人及集体

C. 在舞蹈《千手观音》中观众只看到邰丽华一个人的脸，其他人为集体的奉献不值得

D. 离开他人及集体，个人无法生存、无法获得发展

4. 实践问答题

请讲述一件你与他人或者集体的事，并谈一谈你的体会。

【学习评价】

项目	A级	B级	C级	自评	互评	师评
活动参与	积极参与课堂活动，大胆表达自己的意见，大胆提问	能参与课堂活动，按要求完成课堂任务，认真听讲	不积极参与课堂活动，不认真听讲			
发言质量	积极举手发言，表达清晰，逻辑性强，观点明确	能举手发言，基本能表达清楚观点	很少举手发言，没有认真思考，观点表达不清楚			
组内贡献	善于合作，能带领组内同学进行讨论交流，高质量地完成任务	能与人合作，听取别人的意见，完成分内的任务	缺乏合作精神，不积极参与组内活动，不听取别人的意见			
作业质量	认真完成各项作业，质量高，能运用所学哲理分析问题、解决问题	能完成作业，但不能灵活运用所学知识分析问题、解决问题	不完成作业，敷衍马虎			
个人进步	与上节课相比进步明显，专心听讲，积极参与活动，认真完成作业	与上节课相比维持原样，没有进步	与上节课相比各方面表现退步很大			

【引思明理】

万物间，有联系，
不跟风，不盲从。
看问题，要周全，
勿冲动，思后果。

【学有所获】

本节课我最喜欢的环节是	
本节课我印象最深刻的是	
本节课我学习到的哲理是	
本节课我的疑惑是	

【哲理故事】

感恩朋友

两个朋友在沙漠中旅行，在旅途中他们吵架了，其中一人打了另一人一记耳光。被打的人觉得受了辱，一言不语，在沙子上写下："今天我的好朋友打了我一巴掌。"

他们继续往前走，到了一片沼泽地，被打巴掌的人不小心陷入沼泽差点淹死，幸好被朋友救了起来。被救后，他拿了一把小刀在石头上刻下："今天我的好朋友救了我一命。"

一旁好奇的朋友问道："为什么我打了你之后，你写在沙子上，而现在要刻在石头上呢？"

被打的人笑笑，回答说："当被一个朋友伤害时，要写在易忘的地方，风会负责抹去它；相反，如果得到朋友的帮助，要把它刻在心灵深处，那里任何风都不能抹去它。"

善待他人，宽容他人，用感恩之心待人，会让我们的生活越过越亮堂，道路越走越宽阔。放下怨恨，不斤斤计较，是对别人的宽容，也是对自己的宽容。

阅读感悟：

【走进心灵】

丰富多彩的人生充满酸甜苦辣，喜怒哀乐。老师愿意分享你的快乐，驱散你的忧愁。

我想对老师说：
老师对我说：

二、在复杂多样的联系中营造和谐的人际关系

【活动体验 1】测一测你的人际关系状况

假如你走向一个熟睡的婴儿时,他忽然睁开眼睛,你认为他接着会有什么反应?

A. 哭　B. 笑　C. 咳嗽　D. 闭上眼睛继续睡觉

选 A(哭)。你是个没有自信的人,很害怕与他人相处,担心暴露自己的缺点,因此常缩在自己的壳中不前。如果你能再自信一点,积极地与他人接触,相信你会发现外面的世界非常美好。

选 B(笑)。你是个很自信的人,交际手腕相当不错,能和他人打成一片。但要注意的是,不要过度自信,只陶醉在自己的世界中,而忽略了别人的感受。

选 C(咳嗽)。你是个相当神经质的人,非常在乎人际关系,也小心翼翼地去维护,但过于在意别人的感觉、想法,会搞得自己精疲力竭,最好放松一下自己,以平常心来面对人际关系。

选 D(闭上眼睛继续睡觉)。你是个相当孤僻的人,觉得和别人在一起不如一个人快乐、自由,所以根本不愿、也觉得没必要踏入他人的世界,但很多时候、很多工作是需要与他人团结协作的,所以你一定要好好调整自己。

【活动体验 2】游戏:你吹我爆

道具:气球、牙签。

活动规则:每小组三个气球,用牙签扎气球,但是不能发出“啪啪”的爆炸声;三个气球都没有发出声响的小组获胜。

思考:从这个游戏中能悟出关于人际交往的什么道理?请写在下框内。

【活动体验 3】编写颁奖词

班级进行“和谐标兵”评选,你会选择谁?请为他写颁奖词。

班级和谐标兵	
姓名	
颁奖词	

【学以致用】

一位名叫卡尔的卖砖商人由于一位对手的竞争而陷入困境。对手在他的经销区域内定期走访建筑师与承包商，告诉他们：卡尔的公司不可靠，他的砖块不好，生意也面临即将歇业的境地。

卡尔对别人解释说他并不认为对手会严重伤害到他的生意。但是这件麻烦事使他心中生出无名之火，真想“用一块砖敲碎那人肥胖的脑袋作为发泄”。

“有一个星期天早晨，”卡尔说，“牧师讲道时的主题是：要施恩给那些故意为难你的人。我把每一个字都仔细听了。就在上个星期五，我的竞争者使我失去了一个 25 万块砖的订单。但是牧师却教我们要以德报怨，化敌为友，而且举了很多例子来证明他的理论。当天下午，我在安排下周的日程表时，发现我的一位住在弗吉尼亚州的顾客正因为盖一座办公大楼需要一批砖，而所指定的砖不是我们公司制造供应的，却与我的竞争对手出售的产品很类似。同时，我也确定那位满嘴胡言的竞争者完全不知道有这个生意机会。”

这使卡尔感到为难，是遵从牧师的忠告告诉给对手这个生意机会，还是按自己的意愿去做，让对方得不到这笔生意？

卡尔的内心挣扎了一段时间，牧师的忠告一直盘踞在他心田。最后，也许是因为很想证实牧师是错的，他拿起电话拨到竞争对手家里。

接电话的人正是那个对手，他拿着电话难堪得一句话也说不出来。卡尔礼貌地直接告诉他有关弗吉尼亚州的那笔生意，结果，那个对手很是感激卡尔。

卡尔说：“我得到了惊人的结果，他不但停止散布有关我的谎言，而且把他无法处理的一些生意转给我做。”卡尔的心里比以前好受多了，他与对手之间的阴霾也消散了。

以德报怨，化敌为友。这就是迎战那些终日想让你难堪的人所应采用的最上策。

1. 单项选择题

（1）通过上面的案例，我们体会到哲学中的联系具有（　　）。

A. 复杂性和多样性　　B. 隐性和显性

C. 偶然性和必然性　　D. 和谐性和不和谐性

（2）营造和谐的人际关系，以下做法不恰当的是（　　）。

A. 求同存异，悦纳他人　　B. 乐观开朗，真诚待人

C. 学会交友，建立真正的友谊　　D. 交友以自我为中心

2. 情景是非题

在上面的案例中，卡尔宽以待人、化敌为友，充分体现了他处理人际关系的技巧及智慧。（　　）

3. 多项选择题

（1）通过卡尔的案例，我们体会到（　　）。

A. 在人的一生中要学会处理各种人际关系

B. 营造和谐的人际关系要宽宏大量

C. 化敌为友是人生智慧

D. 宽容别人，就是善待自己

（2）结合案例分析，建立和谐的人际关系的意义有（　　）。

A. 人际关系和谐有利于人正确地认识自我和完善自我

B. 人际关系和谐有利于人们之间的信息交流和信息共享

C. 人际关系和谐有利于人们之间的相互帮助和相互支持

D. 人际关系和谐有利于人的自我价值的实现

4. 实践问答题

在生活中，我的益友是：____

____。

他 / 她（们）能成为我的益友的原因是：____________________________

____。

益友能使我：____

____。

【学习评价】

项目	A 级	B 级	C 级	自评	互评	师评
活动参与	积极参与课堂活动，大胆表达自己的意见，大胆提问	能参与课堂活动，按要求完成课堂任务，认真听讲	不积极参与课堂活动，不认真听讲			
发言质量	积极举手发言，表达清晰，逻辑性强，观点明确	能举手发言，基本能表达清楚观点	很少举手发言，没有认真思考，观点表达不清楚			

续表

项目	A级	B级	C级	自评	互评	师评
组内贡献	善于合作,能带领组内同学进行讨论交流,高质量地完成任务	能与人合作,听取别人的意见,完成分内的任务	缺乏合作精神,不积极参与组内活动,不听取别人的意见			
作业质量	认真完成各项作业,质量高,能运用所学哲理分析问题、解决问题	能完成作业,但不能灵活运用所学知识分析问题、解决问题	不完成作业,敷衍马虎			
个人进步	与上节课相比进步明显,专心听讲,积极参与活动,认真完成作业	与上节课相比维持原样,没有进步	与上节课相比各方面表现退步很大			

【引思明理】

人与人,形色异,
与人处,和为贵,
擦亮眼,交真友。

【学有所获】

本节课我最喜欢的环节是	
本节课我印象最深刻的是	
本节课我学习到的哲理是	
本节课我的疑惑是	

【哲理故事】

成全善良

有位妇女搀着老父亲的胳膊艰难地上了公交车。车上早就人满为患了,这时一位小姑娘站了起来,微笑着对老人说:“大爷,您来这里坐吧!”可那位老人却说:“谢谢了,姑娘,我站站没关系,你坐吧。”

那位姑娘没想到会这样，有些尴尬，再次说："您坐吧，大爷，尊老爱幼是我们年轻人应尽的义务。"那位搀着老人的妇女似乎想说什么，但老人朝她摆摆手，说："好，好，孩子，那就太谢谢你了！"说完，慢慢走到座位前坐下，小姑娘脸上露出了笑意。

奇怪的是，那位妇女明显不高兴，似乎是在责怪父亲。

公交车继续朝前开，突然一个急刹车，那位老人"哎呀"一声，皱紧了眉头，好像强忍着身体某处的不适。

小姑娘在一旁不禁暗自庆幸，幸亏老人坐下了，如果一直站着，不知要遭多少罪。

下一站就是医院，那父女俩下车了，巧的是小姑娘也在这一站下车。小姑娘听到那位妇女在埋怨："爸，你也真是的，明知自己臀部有伤口，不能坐，还要坐！伤口疼了吧?"

老人乐呵呵地说："人家小姑娘一片好意，我硬是拒绝她，也许以后再遇到这样的事，她就会有顾虑了……"

面对别人的善意，不是婉言谢绝，而是积极迎合，这正是生命中最大的善。为别人着想的善良，让人性闪耀着光辉。

阅读感悟：

【走进心灵】

丰富多彩的人生充满酸甜苦辣，喜怒哀乐。老师愿意分享你的快乐，驱散你的忧愁。

我想对老师说：
老师对我说：

第五课　发展变化与顺境逆境

一、用发展的观点看待人生过程

【活动体验 1】自画像

发挥想象，在下框内画出十年后你的自画像，画面内容越丰富越好。

【活动体验 2】通信方式发展历程调查

随着社会信息技术的发展，人与人之间的交流方式越来越多、越来越便捷，请你梳理一下通信方式的发展历程。

时间	通信方式

【活动体验 3】图解哲理

发展即新事物代替旧事物，是事物前进和上升的运动，是事物由低级到高级、由简单到复杂的变化。请你用图来表示事物的发展。

【学以致用】

上帝为你关上了一扇门，一定会为你打开一扇窗。生活总是一个意外接着一个意外，原本幸福美满的生活可能顷刻崩塌；原本山穷水尽的境地，也许出路就在下一个转角。

在网上，一个叫李丹妮的女孩写下了这样一个故事。

小时候我一直希望将来能够当一名伟大的人民教师，这是我从小学到初中一直不变的理想。我梦想着有一天自己可以站在讲台上侃侃而谈，用幽默风趣的话语引导学生们走进知识的殿堂，做一根燃烧自己、照亮别人的蜡烛……小孩子的理想总是带一点儿梦幻的色彩，有一点儿童话的意境，但总归想得多做得少，真正需要付出努力了，却畏难怕苦，眼看着理想变成空想。

我初中的学习成绩不算好也不算坏，总想着凭我的水平凑凑合合上个高中应该没问题，所以不用太着急。那时候比学习更吸引我的东西真是太多了，电视、小说、漫画、聚会、游戏……每一项都能占据我大把的时间，任光阴流逝。初中毕业前夕，意外发生了：我得了阑尾炎，原本就不怎么样的成绩一落千丈，加上体育免考损失了分数，因此与高中失之交臂，一直不变的理想也落空了。

中考失利的我只得选择一所职业学校继续学习。在职校我学的是中药学，毕业后到药店抓中草药，也算是一份不错的工作，但上帝又在我面前关上了一扇门，由于学业不精，工作屡次出错，我被辞退了。

我的出路在哪里？眼前困难重重，似乎看不到光明。我偶然在电视上看到一期关于速录的节目，那是我第一次听说这个职业，这让我看到了一丝光亮。

于是，我开始学习速录。这是一个完全未知的领域，处处充满新鲜及挑战。学习速录既枯燥又有趣，有时候长时间练习都没有进步，录入速度停滞不前，让人产生厌烦的情绪，欣慰的是我还是能调整情绪、克服困难，坚持下来了。我成了一名合格的速录师，出席大型会议，接触社会的尖端领域，周围很多人都羡慕我的职业。

生活中的波折不可避免，只要我们肯努力，换一个角度思考问题，一切就会变得不同。

1. 单项选择题

(1)从李丹妮的故事中，我们认识到一个哲学道理：(　　)。

A. 学业不精，就会被社会淘汰

B. 人生是一个发展变化的过程

C. 要从事能赚钱的职业

D. 选专业要选新兴行业

(2)发展的实质是(　　)。

A. 新事物代替旧事物

B. 同一事物循环往复

C. 一切变化都是发展

D. 流行的事物代替传统的事物

2. 情景是非题

李丹妮的职业变换告诉我们一个道理，理想的实现需要脚踏实地的努力，否则就会变成空想。(　　)

3. 多项选择题

(1)下列关于人生是变化发展的的说法正确的有(　　)。

A. 变化时时存在，变化随处可见

B. 人生不是一成不变的，重要的是树立唯物辩证法的发展变化的观念

C. 人一生能否通过改变取得成功，命运是掌握在自己手中的

D. 人一生就是循环往复的过程

(2)有人说读中职是没有前途的，这种说法不正确，我们应该这样看待中职：(　　)。

A. 我们要用发展的眼光看待人生

B. 我们要树立积极的人生态度，谋求自身发展

C. 我们既要客观地认识自己，又要勇于接受挑战

D. 我们要有改变自己的勇气及自强不息的精神

4. 实践问答题

人生是不断向前发展的，是一个从量变到质变的过程。现在的你是什么样的？到实习前打算有什么变化？从现在起要怎么做？根据这些问题完成表格内容。

现在的我	实习前的我	打算如何做

【学习评价】

项目	A级	B级	C级	自评	互评	师评
活动参与	积极参与课堂活动，大胆表达自己的意见，大胆提问	能参与课堂活动，按要求完成课堂任务，认真听讲	不积极参与课堂活动，不认真听讲			
发言质量	积极举手发言，表达清晰，逻辑性强，观点明确	能举手发言，基本能表达清楚观点	很少举手发言，没有认真思考，观点表达不清楚			
组内贡献	善于合作，能带领组内同学进行讨论交流，高质量地完成任务	能与人合作，听取别人的意见，完成分内的任务	缺乏合作精神，不积极参与组内活动，不听取别人的意见			
作业质量	认真完成各项作业，质量高，能运用所学哲理分析问题、解决问题	能完成作业，但不能灵活运用所学知识分析问题、解决问题	不完成作业，敷衍马虎			
个人进步	与上节课相比进步明显，专心听讲，积极参与活动，认真完成作业	与上节课相比维持原样，没有进步	与上节课相比各方面表现退步很大			

【引思明理】

万事物，总在变，
人一生，曲折长，
要努力，求发展。

【学有所获】

本节课我最喜欢的环节是	
本节课我印象最深刻的是	
本节课我学习到的哲理是	
本节课我的疑惑是	

【哲理故事】

苦涩中的醇香

阿兰·米穆是法国著名的长跑运动员，在奥运会上他多次为祖国赢得奖牌，但谁也不知道，在成为世界冠军之前他经历了多少心酸的事情。

米穆的家庭处于社会的最底层，他们经常吃不饱饭。但孩提时代的米穆非常喜欢运动，踢足球时米穆经常光着脚，因为他担心踢坏了鞋子。他唯一的一双帆布鞋是上学时穿的，为了买这双鞋，母亲省吃俭用地攒了好几个月。米穆一直光着脚踢足球，有时踢伤了脚，米穆就想穿上鞋子，但只要他一坐下来，脑子里马上就会出现父亲挥舞着拳头的样子，于是他赶紧把鞋子脱下来。11岁时，米穆小学毕业了，老师对他的评价很好，母亲高兴地说："太好了，你终于有了文凭，现在可以申请助学金了。"但是，当可怜的母亲为儿子申请助学金时，工作人员却拒绝了她，他们说："你们达不到申请的条件。"实际上，有很多比米穆富有的殖民者的孩子都拿到了这笔钱。

米穆生气急了，他想："简直太不公平了，我不属于这个国家，我一定要离开这里。"其实，这不过是些气话罢了，米穆热爱自己的祖国，而且他也不可能离开，因为他没有钱。

不能继续念书，米穆只好去一家咖啡馆当跑堂儿的。为了保住这份工作，每天他都要工作到深夜，根本没有时间运动，但为了坚持锻炼，他每天早上5点就起来跑步。在这种情况下，他的脚跟很快就脓肿了，这时法国田径冠军赛正要举行，米穆咬紧牙关报了名。仅仅只有一个半月的训练时间，比赛就开始了。米穆先参加了1万米赛跑，但成绩不太理想，只得了第三名。第二天，他参加了5万米赛跑，这一次他得了第二名。就这样，米穆被选中参加在伦敦举行的奥运会。

米穆再也不用去咖啡馆当跑堂儿的了，他简直不敢相信！当时的米穆甚至不知道奥运会是什么，更想不到奥运会如此壮观。这里云集了全世界的选手，最重要的是，自己代表的是法国，米穆为此感到非常高兴。

但是，他依然感到有些失落，因为没有人认为他是法国选手，代表的是法国，大家都看不起这个咖啡馆的跑堂儿的。

米穆参加了万米决赛，得了第二名。就这样，米穆为法国和自己赢得了一枚银牌，对他来说，这次比赛非常有历史意义。

但是，米穆获得亚军后，法国的体育新闻记者们在现场嚷嚷说："这个跑了第二名的家伙是谁？从来没见过啊，肯定是个北非人。今天天气太热了，准是因为这个他才得了第二名！”这些话让米穆很心酸，但让人欣慰的是，在伦敦奥运会之后，米穆再次被选中，代表法国参加了第十五届奥运会。这一次，他又为祖国赢得了一枚银牌。在第十六届墨尔本奥运会上，米穆参加了马拉松比赛，终于成为奥运冠军！

现在，咖啡馆的工作已经距离米穆很远了，但他说：“我一直很喜欢咖啡，喜欢它的那种醇香以及醇香中蕴含的苦涩。”

人生是一个曲折发展的过程。人生不如意时，不要怨天尤人，借酒浇愁，而要心无旁骛，奋发图强。只要战胜了自己，那些通往成功路上的绊脚石就会被一一跨过，人生就会迎来鲜花和掌声。

阅读感悟：

【走进心灵】

丰富多彩的人生充满酸甜苦辣，喜怒哀乐。老师愿意分享你的快乐，驱散你的忧愁。

我想对老师说：
老师对我说：

二、用发展的观点看待顺境与逆境

【活动体验 1】成语、俗语大比拼

“天有不测风云，人有旦夕祸福”“好事多磨”“人生不如意之事十有八九”。你还能说出哪些具有类似意思的成语、俗语、诗词或者歌词？请把它们写下来。

【活动体验 2】采访：如何缓解压力

采访三位不同职业的人，他们有什么压力以及如何缓解压力？记录在下表中。

采访对象	职业	压力	缓解压力的方法

【学以致用】

作家林清玄写过这样一个故事。

上帝看到麦子丰收在望，非常开心。一位农夫看到上帝说：“仁慈的上帝，您可不可以允诺我的请求，只一年的时间，不要有大风雨、烈日干旱和虫害？”

上帝说：“好吧，明年不管别人如何，一定如你所愿。”

第二年，这位农夫的田地果然结出许多麦穗。因为没有狂风暴雨、烈日与虫害，麦穗比往年多了一倍，农夫兴奋不已。

可等到收获的时候，奇怪的事情发生了。农夫的麦穗竟瘪瘪的，没有什么籽粒。

农夫含着眼泪跪下来向上帝问道：“这是怎么回事，您是不是搞错了什么？”

上帝说：“我没有搞错，你的麦子因为避开了所有磨砺，所以变得十分无能。对于一粒麦子来说，努力奋斗是不可避免的。一些风雨是必要的（风能传播花粉使小麦受精、结果，雨能滋润它并为它提供养分）；烈日更是必要的（小麦要经阳光的光合作用才能长大，经过烈日的暴晒才能耐严寒）；甚至蝗虫也是必要的（小麦经过与蝗虫搏斗才能提高抗病害能力）。这所有的一切能让麦子汲取生长成熟不可缺少的因子，唤醒麦子内在的灵魂。”

其实人的灵魂又何尝不是这样呢！人如果一辈子都没经受过必要的挫折和磨难，没经历过任何考验，只会是一个没有思想的空壳而已。一位哲人说得好：“空白的人生，总是缺少磨砺。”真正的人生离不开磨难，一个人征服的磨难越多，其生命的分量就愈重。

1. 单项选择题

（1）麦子的生长好比人生，总要经历各种磨难，下列关于人生逆境的说法不正确的是（　　）。

A. 人生不会是一帆风顺的　　B. 经历了逆境的人生一定会成功

C. 人生发展是前进性与曲折性的统一　　D. 要以积极的心态面对人生境遇

（2）麦子的生长需要风雨、阳光甚至蝗虫，正如上文中所说的“空白的人生，总是缺少磨砺”。那么逆境对人生发展的积极作用是（　　）。

A. 逆境可以磨炼一个人的意志　　B. 逆境让一个人更坚强、勇敢

C. 逆境是催人奋进的动力　　D. 以上说法都正确

2. 情景是非题

从麦子生长的故事中，我们认识到人生不是一帆风顺的，总要经历挫折和磨难，才能取得成功。（　　）

3. 多项选择题

（1）下列体现人生发展不是一帆风顺的句子有（　　）。

A. 不经历风雨，怎么见彩虹

B. 故天将降大任于斯人也，必先苦其心志，劳其筋骨，饿其体肤……

C. 宝剑锋从磨砺出，梅花香自苦寒来

D. 今朝有酒今朝醉

（2）人生发展是前进性与曲折性的统一，下列关于顺境与逆境的说法正确的有（　　）。

A. 顺境和逆境都是对人生的考验

B. 顺境为人生发展提供有利机遇和有利条件

C. 逆境能磨炼人的意志

D. 在人生发展中顺境与逆境经常相互贯通、互相转化

4. 实践问答题

有人说“顺境出人才”，也有人说“逆境出人才”，你是怎么看的呢？请写下你的观点。

【学习评价】

项目	A级	B级	C级	自评	互评	师评
活动参与	积极参与课堂活动，大胆表达自己的意见，大胆提问	能参与课堂活动，按要求完成课堂任务，认真听讲	不积极参与课堂活动，不认真听讲			
发言质量	积极举手发言，表达清晰，逻辑性强，观点明确	能举手发言，基本能表达清楚观点	很少举手发言，没有认真思考，观点表达不清楚			
组内贡献	善于合作，能带领组内同学进行讨论交流，高质量地完成任务	能与人合作，听取别人的意见，完成分内的任务	缺乏合作精神，不积极参与组内活动，不听取别人的意见			
作业质量	认真完成各项作业，质量高，能运用所学哲理分析问题、解决问题	能完成作业，但不能灵活运用所学知识分析问题、解决问题	不完成作业，敷衍马虎			
个人进步	与上节课相比进步明显，专心听讲，积极参与活动，认真完成作业	与上节课相比维持原样，没有进步	与上节课相比各方面表现退步很大			

【引思明理】

人一生，何其长，
有顺境，有逆境。
顺不骄，逆不馁，
风雨中，更坚韧。

【学有所获】

本节课我最喜欢的环节是	
本节课我印象最深刻的是	

续表

本节课我学习到的哲理是	
本节课我的疑惑是	

【哲理故事】

你是一颗珍珠吗

有一个自以为是全才的年轻人大学毕业以后屡次碰壁,一直找不到理想的工作,他觉得自己怀才不遇,对社会感到非常失望。找工作多次碰壁,让他伤心而绝望,他感到没有伯乐赏识他这匹"千里马"。

一天,他来到大海边,打算就此结束自己的生命。

在他正要自杀的时候,有一位老人走过,看见他并救了他。老人问他为什么要走绝路,他说自己得不到别人和社会的承认,没有人欣赏并且重用他……

老人从脚下的沙滩上捡起一粒沙子,让年轻人看了看,然后随便地扔在了地上,对年轻人说:"请你把我刚才扔在地上的那粒沙子捡起来。"

"这根本不可能!"年轻人说。

老人没有说话,从自己的口袋里掏出一颗晶莹剔透的珍珠,也随便地扔在了地上,然后对年轻人说:"你能不能把这颗珍珠捡起来呢?"

"当然可以!"

"那你就应该明白是为什么了吧?你应该知道自己现在还不是一颗珍珠,所以你不能苛求别人立即承认你。如果要别人承认,那你就要想办法使自己成为一颗珍珠。"

你必须知道自己是普通的沙粒,而不是价值连城的珍珠。你要卓尔不群,那要有鹤立鸡群的资本才行。所以忍受不了打击和挫折,承受不住忽视和平淡,就很难达到辉煌。

若要自己卓然出众,就要努力使自己成为一颗珍珠。

阅读感悟:

【走进心灵】

丰富多彩的人生充满酸甜苦辣，喜怒哀乐。老师愿意分享你的快乐，驱散你的忧愁。

我想对老师说：
老师对我说：

第六课 矛盾的观点与人生动力

一、矛盾是人生发展的动力

【活动体验 1】最强大脑

请在 1 分钟内写出生活中具有两面性的事例或现象，比一比哪个小组写得又多又快。

【活动体验 2】感谢你

如果现在让你感谢某人，你会感谢谁？为什么感谢他？请写下来。

感谢对象	感谢内容及原因

【学以致用】

感激伤害你的人，因为他磨炼了你的心志。
感激欺骗你的人，因为他增长了你的见识。
感激藐视你的人，因为他觉醒了你的自尊。
感激遗弃你的人，因为他教会了你该自立。
感激绊倒你的人，因为他强化了你的能力。
感激斥责你的人，因为他助长了你的智慧。

1. 单项选择题

（1）我们从这首小诗中领悟到的哲理是（　　）。

A. 万事万物都是发展变化的　　B. 事物发展是量变与质变的统一

C. 矛盾是事物发展的源泉和动力　　D. 事物发展是前进性与曲折性的统一

（2）在现实工作和学习中，不敢正视矛盾、揭露矛盾，而是回避矛盾、掩盖矛盾，这些表现实际上是（　　）。

A. 否认矛盾的普遍性　　B. 否认意识是物质的反映

C. 否认矛盾的特殊性　　D. 否认矛盾是既对立又统一的

2. 情景是非题

上述小诗体现了矛盾双方既相互对立，又相互统一，在一定条件下可以相互转化，所以要一分为二地看问题，不走极端。（　　）

3. 多项选择题

（1）下列体现矛盾观点的有（　　）。

A. 失败是成功之母　　B. 塞翁失马，焉知非福

C. 金无足赤，人无完人　　D. 刻舟求剑

（2）下列表述中能够具体问题具体分析的有（　　）。

A. 对症下药，量体裁衣　　B. 欲擒故纵，声东击西

C. 因地制宜，因时制宜　　D. 物极必反，相辅相成

4. 实践问答题

有人说担任学生会干部、加入社团组织会影响学业，你怎么看？请用矛盾的观点分析一下。

【学习评价】

项目	A 级	B 级	C 级	自评	互评	师评
活动参与	积极参与课堂活动，大胆表达自己的意见，大胆提问	能参与课堂活动，按要求完成课堂任务，认真听讲	不积极参与课堂活动，不认真听讲			

续表

项目	A级	B级	C级	自评	互评	师评
发言质量	积极举手发言,表达清晰,逻辑性强,观点明确	能举手发言,基本能表达清楚观点	很少举手发言,没有认真思考,观点表达不清楚			
组内贡献	善于合作,能带领组内同学进行讨论交流,高质量地完成任务	能与人合作,听取别人的意见,完成分内的任务	缺乏合作精神,不积极参与组内活动,不听取别人的意见			
作业质量	认真完成各项作业,质量高,能运用所学哲理分析问题、解决问题	能完成作业,但不能灵活运用所学知识分析问题、解决问题	不完成作业,敷衍马虎			
个人进步	与上节课相比进步明显,专心听讲,积极参与活动,认真完成作业	与上节课相比维持原样,没有进步	与上节课相比各方面表现退步很大			

【引思明理】

万事物,有两面,
人生路,有进退,
苦难中,蕴能量。

【学有所获】

本节课我最喜欢的环节是	
本节课我印象最深刻的是	
本节课我学习到的哲理是	
本节课我的疑惑是	

【哲理故事】

被放错了地方的"短处"

他从小就不是父母眼里的乖孩子,因为他太爱打架了。他上七年级时,居然差一点将一

个同学打死。学校给他的父亲下了最后通牒，如果他再打人，将勒令他退学。

虽然父亲想尽了办法，可是他的老毛病总是改不了。终于在16岁那年，他被学校开除了。

就在父母为他的前途担心时，原来的体育老师找到了他家里，对他父亲说："国家队正在选拔摔跤选手，不如让他去试试。"

父亲听后连连摇头说："他如此喜欢打架，已经让我头疼不已，现在让他去学摔跤，万一将对方摔坏了，那他以后也许只能在监狱里度过一生了。"

体育老师笑了，他对这位可怜的父亲解释说："只要是在合法的情况下将对手摔倒，不但不是犯罪，而且能为自己和祖国争得荣誉呢！"

从那以后，这个男孩的命运彻底发生了改变，他连续参加了三届奥运会，蝉联了三届奥运会男子130公斤级古典式摔跤冠军，成为举世瞩目的体坛巨星。

这个男孩就是俄罗斯著名的摔跤运动员卡列林。

一个人的优势与劣势、长处与短处都是相对的。发挥长处，正视短处，在一定条件下将"短处"变为"长处"，会遇见一个不一样的自己。

阅读感悟：

【走进心灵】

丰富多彩的人生充满酸甜苦辣，喜怒哀乐。老师愿意分享你的快乐，驱散你的忧愁。

我想对老师说：
老师对我说：

二、坚持内外因相结合，促进人生发展

【活动体验 1】我的就业现状分析

填写“我的就业现状”分析表。

自身条件（性格、专业知识、技能水平、兴趣爱好、社会实践等）	外部条件（家庭情况、就业环境、岗位需求、发展机遇等）
1. 2. 3. 4. 5.	1. 2. 3. 4. 5.
当下我能努力改变的就业因素是： 我将如何做：	

【活动体验 2】我崇拜的人的奋斗故事

你有崇拜的人吗？可以是明星、名人，也可以是家人、朋友。写一写他们的奋斗故事。

我崇拜的人是： 他（她）的成就是： 他（她）是这样奋斗的：

【学以致用】

被英国媒体称作“东方之星”的丁俊晖性格内向、好强，是个外柔内刚的人。台球是一

项需要强抗压能力的体育运动，软弱的人无法承受。强大的心理素质和自信是成为一名伟大的斯诺克选手应该具备的最关键因素。丁俊晖从 9 岁起开始接触台球，浓厚的兴趣和坚强的意志支撑着他每天练习 8 小时。父亲带他加入了中国台球国家队，拜台球界的顶级高手为师，在球台上磨炼技术，参加比赛获得经验。在经济困难的时候，父亲劝说母亲卖掉房子供他继续打球。在丁俊晖身边，父亲负责他的练习、比赛，母亲负责他的饮食起居，经纪人帮他对外联络、安排训练日程及比赛时间，赞助商负责涉外公关、包装和他的学习。

1. 单项选择题

（1）案例中提到“强大的心理素质和自信是成为一名伟大的斯诺克选手应该具备的最关键因素”，这个“最关键因素”体现了（　　）的哲学道理。

A. 事物发展内因起决定作用

B. 人生发展只要自己努力就行

C. 把握关键因素，就能取得成功

D. 心理素质和自信是运动员的必备素质

（2）丁俊晖的成功也与他把握每一次比赛机会有关，关于机遇，以下说法错误的是（　　）。

A. 机遇在多数情况下表现为可遇而不可求的幸运

B. 人们要想抓住机遇，就必须首先具备善于捕捉和利用机遇的能力

C. 机遇是外因，主观努力是内因，外因只有通过内因才能起作用

D. 机遇可望而不可及，人们无法抓住机遇

2. 情景是非题

丁俊晖的成功除了自身努力外，离不开父母及他人的支持，这说明内外因相结合才能取得成功。（　　）

3. 多项选择题

（1）下列关于内外因的辩证关系的说法正确的有（　　）。

A. 事物发展是内因与外因共同起作用的结果

B. 内因是事物变化发展的根据

C. 外因是事物变化发展的条件

D. 外因通过内因起作用

（2）通过丁俊晖的案例，我们知道在个人成长过程中要坚持内外因相结合，这就要求我们做到（　　）。

A. 个人成长首先依靠自己的主观努力

B. 无论是顺境还是逆境，都是外因，必须通过内因才能起作用

C. 正确认识外因的性质，对周围的环境作一分为二的分析

D. 不能忽视外因的作用，利用一切外部条件

4. 实践问答题

很多中职生都喜欢玩网络游戏，有的很上瘾，严重影响了学业。请结合所学的哲学道理分析中职生迷恋网游的原因，并谈一谈中职生如何戒除“网瘾”，措施越具体越好。

【学习评价】

项目	A 级	B 级	C 级	自评	互评	师评
活动参与	积极参与课堂活动，大胆表达自己的意见，大胆提问	能参与课堂活动，按要求完成课堂任务，认真听讲	不积极参与课堂活动，不认真听讲			
发言质量	积极举手发言，表达清晰，逻辑性强，观点明确	能举手发言，基本能表达清楚观点	很少举手发言，没有认真思考，观点表达不清楚			
组内贡献	善于合作，能带领组内同学进行讨论交流，高质量地完成任务	能与人合作，听取别人的意见，完成分内的任务	缺乏合作精神，不积极参与组内活动，不听取别人的意见			
作业质量	认真完成各项作业，质量高，能运用所学哲理分析问题、解决问题	能完成作业，但不能灵活运用所学知识分析问题、解决问题	不完成作业，敷衍马虎			
个人进步	与上节课相比进步明显，专心听讲，积极参与活动，认真完成作业	与上节课相比维持原样，没有进步	与上节课相比各方面表现退步很大			

【引思明理】

万事物，有因果，

内外因，相结合，

人生路，永往前。

【学有所获】

本节课我最喜欢的环节是	

续表

本节课我印象最深刻的是	
本节课我学习到的哲理是	
本节课我的疑惑是	

【哲理故事】

放弃是为了更好的选择

一个青年非常羡慕一位富翁取得的成就，于是跑到富翁那里询问他成功的诀窍。

富翁弄清楚青年的来意后，什么也没有说，转身到起居室拿了一个大西瓜。青年迷惑不解地看着，只见富翁把西瓜切成了大小不等的3块。

“如果每块西瓜代表一定程度的利益，你会如何选择呢？”富翁一边说，一边把西瓜放在青年面前。

“当然是最大的那块！”青年毫不犹豫地回答，眼睛盯着最大的那块。

富翁笑了笑：“那好，请用吧！”

富翁把最大的那块西瓜递给青年，自己却吃起了最小的那块。青年还在享用最大的那块的时候，富翁已经吃完了最小的那块。

接着，富翁得意地拿起剩下的那块西瓜，还故意在青年眼前晃了晃，大口吃了起来。其实，那块最小的和最后一块加起来比最大的那块大得多。

青年顿悟：富翁吃的西瓜虽没自己的大，却比自己吃得多，如果每块代表一定程度的利益，那么富翁赢得的利益自然比自己多。

吃完西瓜，富翁讲述了自己的成功经历。最后，对青年语重心长地说：“要想成功就要学会放弃，只有放弃眼前利益，才能获得长远大利，这就是我的成功之道。”

学会放弃是人生智慧。很多时候我们只顾眼前利益，花费了大量时间和精力，结果收效甚微。只有懂得适当放弃，不鼠目寸光，对未来有全面的把握和规划，才能实现更大的人生目标，收获更多人生财富。

阅读感悟：

【走进心灵】

丰富多彩的人生充满酸甜苦辣，喜怒哀乐。老师愿意分享你的快乐，驱散你的忧愁。

我想对老师说：
老师对我说：

第三单元　坚持实践与认识统一
提高人生发展能力

第七课　知行统一与体验成功

一、在实践中提高人生发展能力

【活动体验 1】我的第一次

每个人的一生中都有许多第一次,第一次自己穿衣、第一次自己吃饭、第一次独自上学、第一次离开父母……这无数个第一次让我们的认识越来越丰富,自主能力越来越强。快来分享一下你的许多个第一次吧!

我的第一次		
时间或年龄	事件	能力

【活动体验 2】扔鸡蛋实验

每小组发一个熟鸡蛋,讨论如何做能将这个鸡蛋从楼上扔下去而不摔破。走出课堂尝试一下,看看哪种方法能实验成功。请将扔鸡蛋的方法及结果写下来,并谈一谈你的感受。

我们小组扔鸡蛋的方法是：

我们组的鸡蛋从楼上扔下去后，结果是：

我对这个实验的感受是：

【学以致用】

戴渝桐，珠海市第一中等职业学校室内设计专业学生，现于珠海素果软装设计有限公司实习，担任设计师助理一职，主要负责效果图与施工图的设计与绘制。

戴渝桐在校期间学习刻苦努力，专业知识扎实，为人和善友好，经常协助老师完成各项工作任务，综合素质高。

戴渝桐在实习过程中遇到了许多问题，碰到了很多困难，也学到了很多知识和技能。她说，工作让她尝试了许许多多第一次：第一次自己独立画完一整套正式的施工图和报建图，第一次与客户正式谈方案，第一次独立与厂家核对家具的设计图纸，第一次摆置样板房，第一次正式做完一整套3d效果图，第一次接触房屋的外观设计……在这许许多多第一次中，她学会了和客户交流，掌握了快速、准确地了解客户需求的方法，并让客户更加了解自己的设计意图；在这些第一次中，也增加了自己的阅历，积累了很多经验。

在实习期间，戴渝桐不仅把之前所学的CAD、3dmaxs、Photoshop、PPT、Word、Excel等运用得很熟练，而且在业余时间积极自学了新的绘图软件。戴渝桐体会到将在校的专业理论学习与工作实践相结合，工作才能做得更好，也认识到了理论与实践的差距。

“现在正式步入社会，踏上工作岗位，开始了与以往完全不一样的生活。每天需准时上下班，而且在上班期间要保质保量完成自己的工作任务，不能草草敷衍了事。我们的肩上扛着责任，凡事都得谨慎小心，否则随时可能为一个小小的错误承担严重的后果，付出巨大的代价。轻描淡写地用一句“对不起”就能解决问题的时代已经一去不复返了。”这是戴渝桐分享给师弟、师妹的心得体会。

1. 单项选择题

（1）案例中戴渝桐提到了实习的许多“第一次”，这充分说明了（　　）的哲学道理。

A. 人生能力在实践中才能获得提高和发展

B. 人生只需要实践，不需要理论学习

C. 在校学习的专业知识不够用

D. 在工作中学到的东西比在学校学到的东西多

（2）下列说法与案例中“戴渝桐体会到将在校的专业理论学习与工作实践相结合，工作才能做得更好”体现的哲理相同的是（　　）

A. 秀才不出门，全知天下事

B. 学而不思则罔，思而不学则殆

C. 读书破万卷，下笔如有神

D. 纸上得来终觉浅，绝知此事要躬行

2. 情景是非题

案例中戴渝桐在上班之余还自学了许多专业知识，说明认识对实践具有反作用。（　　）

3. 多项选择题

（1）下列关于实践与认识的辩证关系的说法正确的有（　　）。

A. 实践决定认识

B. 实践出真知

C. 认识对实践具有反作用

D. 实践是认识的唯一源泉，是认识发展的动力

（2）戴渝桐的实习经历和感悟带给我们的启发有（　　）。

A. 中职生要积极投身实践，锻炼才干

B. 在校期间要认真学习专业知识，将理论运用于实践中

C. 实习要注意由“学校人”到“社会人”的角色转变

D. 要树立终身学习的意识，用正确的认识指导实践

4. 实践问答题

中职学习与高中学习不同，更注重理论学习与实践的统一。很多同学经常在寒暑假或学习之余到社会中去实践，以提高能力。请写下你的实践经历。

我的实践活动记录表

时间	实践岗位	实践内容	实践感受

【学习评价】

项目	A级	B级	C级	自评	互评	师评
活动参与	积极参与课堂活动，大胆表达自己的意见，大胆提问	能参与课堂活动，按要求完成课堂任务，认真听讲	不积极参与课堂活动，不认真听讲			
发言质量	积极举手发言，表达清晰，逻辑性强，观点明确	能举手发言，基本能表达清楚观点	很少举手发言，没有认真思考，观点表达不清楚			
组内贡献	善于合作，能带领组内同学进行讨论交流，高质量地完成任务	能与人合作，听取别人的意见，完成分内的任务	缺乏合作精神，不积极参与组内活动，不听取别人的意见			
作业质量	认真完成各项作业，质量高，能运用所学哲理分析问题、解决问题	能完成作业，但不能灵活运用所学知识分析问题、解决问题	不完成作业，敷衍马虎			
个人进步	与上节课相比进步明显，专心听讲，积极参与活动，认真完成作业	与上节课相比维持原样，没有进步	与上节课相比各方面表现退步很大			

【引思明理】

不乱于心，不困于情。
不畏将来，不念过往。
千里之行，始于足下。
知行统一，止于至善。

【学有所获】

本节课我最喜欢的环节是	
本节课我印象最深刻的是	
本节课我学习到的哲理是	
本节课我的疑惑是	

【哲理故事】

爱的力量

一个小男孩认为自己是世界上最不幸的孩子，因为患脊髓灰质炎而留下了瘸腿和参差不齐且突出的牙齿。他很少与同学们玩耍，老师叫他回答问题时，他总是低着头一言不发。

在一个平常的春天，小男孩的父亲从邻居家讨了些树苗，想把它们栽在房前。他叫孩子们每人栽一棵，并对孩子们说，谁栽的树苗长得最好，就给谁买一件他最喜欢的礼物。小男孩也想得到父亲的礼物，但看到兄妹们那蹦蹦跳跳提水浇树的身影，不知怎的竟萌生出一个阴暗的想法：希望自己栽的那棵树早日死去。因此，浇过一两次水后，再也没去搭理它。

几天后，小男孩去看他种的那棵树时，惊奇地发现它不仅没有枯萎，而且长出了几片新叶子，与兄妹们种的树相比更嫩绿、更有生气。父亲兑现了他的诺言，为小男孩买了一件他最喜欢的礼物，并对他说，从他栽的树来看，他长大后一定能成为一个出色的植物学家。

从那以后，小男孩慢慢变得乐观向上起来。

一天晚上，小男孩躺在床上睡不着，看着窗外明亮皎洁的月光，忽然想起生物老师说过的话：植物一般都在晚上生长。何不去看看自己种的那棵小树？当他轻手轻脚地来到院子里时，却看见父亲用勺子向自己栽种的那棵树下泼洒着什么。顿时，他一切都明白了，原来父亲一直在偷偷地为自己栽种的那棵小树施肥！他返回房间，任凭泪水肆意地奔流……

几十年过去了，那个瘸腿的小男孩尽管没有成为一个植物学家，却成了美国总统，他的名字叫富兰克林·罗斯福。

爱是生命中最好的养料，哪怕只是一勺清水，就能使生命之树茁壮成长。也许那树是那样的平凡，不显眼；也许那树是如此的瘦小，甚至有点枯萎。但只要有养料的滋养，它就能长得枝繁叶茂，甚至长成参天大树。

在生命的航程中，爱能带给我们彼此信任及祝福，为心灵点亮一盏灯，照亮漫漫长夜。爱能让我们重拾生活的信念，让生命的航船满载而归。

阅读感悟：

【走进心灵】

丰富多彩的人生充满酸甜苦辣，喜怒哀乐。老师愿意分享你的快乐，驱散你的忧愁。

我想对老师说：
老师对我说：

二、在知行统一中体验成功的快乐

【活动体验 1】扑克牌搭高游戏

(1)每小组 2 副扑克牌,搭建具有一定高度的结构体;
(2)扑克牌可以折、叠、弯、插等,但不能剪、撕、用胶水粘;
(3)搭建时间为 20 分钟;
(4)搭建完成后,扑克塔能够在不借助外力的情况下保持 5 分钟的时间;
(5)除扑克牌外不能使用其他辅助材料;
(6)比一比哪个小组搭建的扑克塔又高又稳;
(7)在下框内写下你的活动感受。

你的小组搭扑克牌的方式是: 你的小组搭的扑克塔的高度是: 你的活动感受是:

【活动体验 2】职业生涯阶段目标自查

职业目标		
阶段目标(在校期间)	已完成的目标	未完成的目标
接下来的努力方向		

【学以致用】

春雨是一名会计专业的中职学生，毕业后到一家公司的财务室工作。

一天，公司业务员小王拿着领导签字的差旅费申请单到财务室领取现金。会计主管让春雨填一张现金支票，虽然在学校春雨填过模拟支票，但填真正的支票还是头一回，春雨便凭着在学校学习的印象填了起来。真的动起手来，春雨才发现一些平常看起来简单的业务处理起来也会遇到意想不到的困难。

第一张支票填好后，春雨急急忙忙赶到银行，结果却被银行退票了。原因是哪个日期前该添壹、哪个日期前该添零春雨记混淆了，导致日期填写不规范，第一张支票就这样作废了。春雨小心翼翼地填好第二张支票后，反复检查自认为没错了，便拿着支票到银行取钱，结果银行又退票了，原来是忘了在支票背面盖章。第三次总算没有问题，终于把钱取回来了。

春雨一上午为了一张支票去了银行三次，这让她感慨万千。以前她总以为自己的会计理论知识扎实，当一名出色的财务会计人员没问题。现在才发现会计更讲究实操性，需要在实践中学习。

1. 单项选择题

(1)春雨填写支票的案例充分说明了一个哲学道理：(　　)。

A. 校外的实践活动比校内的实践活动重要

B. 校内的实践活动脱离社会，没意义

C. 知行统一，做事才能成功

D. 只有在社会实践中形成的认识才是正确的

(2)案例中春雨几次往复才填对支票，说明认识具有(　　)。

A. 反复性　　B. 无限性

C. 上升性　　D. 以上说法都正确

2. 情景是非题

春雨填写支票连连出错，说明她是一个不注重细节的人，不适合做财务工作，因为细节决定成败。(　　)

3. 多项选择题

(1)春雨在填写支票的过程中认识到了理论学习与实践相结合的重要性，即知行统一。下列关于知行统一的辩证关系的说法正确的有(　　)。

A. 理论学习要运用到实践中，接受检验

B. 从认识到实践是一个循环往复的过程

C. 追寻人生成功，要不断加强学习，增强实践能力

D. 理论知识学不好没关系，可以在实践中弥补

(2)下列关于成功和失败的关系的说法正确的有(　　)。

A. 两者相互依存和渗透，相互转化

B. 两者截然对立，无法统一

C. 失败孕育着成功，成功常常是由失败发展而来的

D. 失败造就了成功，失败是通向成功的途径

4. 实践问答题

请分享一个你学习生活中成功或者失败的例子，并结合所学内容谈一谈你的体会。

【学习评价】

项目	A 级	B 级	C 级	自评	互评	师评
活动参与	积极参与课堂活动，大胆表达自己的意见，大胆提问	能参与课堂活动，按要求完成课堂任务，认真听讲	不积极参与课堂活动，不认真听讲			
发言质量	积极举手发言，表达清晰，逻辑性强，观点明确	能举手发言，基本能表达清楚观点	很少举手发言，没有认真思考，观点表达不清楚			
组内贡献	善于合作，能带领组内同学进行讨论交流，高质量地完成任务	能与人合作，听取别人的意见，完成分内的任务	缺乏合作精神，不积极参与组内活动，不听取别人的意见			
作业质量	认真完成各项作业，质量高，能运用所学哲理分析问题、解决问题	能完成作业，但不能灵活运用所学知识分析问题、解决问题	不完成作业，敷衍马虎			
个人进步	与上节课相比进步明显，专心听讲，积极参与活动，认真完成作业	与上节课相比维持原样，没有进步	与上节课相比各方面表现退步很大			

【引思明理】

不登高山，不知天高；
不临深溪，不知地厚。
知行不一，实效难得；
知行统一，成功可待。

【学有所获】

本节课我最喜欢的环节是	
本节课我印象最深刻的是	
本节课我学习到的哲理是	
本节课我的疑惑是	

【哲理故事】

老板与工人

有一个伐木工人在一家木材厂工作。因为待遇优厚，他工作很卖力，并决心做一个爱岗敬业的人。

这天，老板交给他一把锋利的斧头，并划定一个伐木范围，让他去砍伐。这个工人非常卖力，一天就砍了18棵树，老板相当满意，对他说："非常好，你要继续保持这个水准。"

工人听到老板称赞自己，非常开心，第二天工作得更加卖力。但是不知道为什么，这一天他只砍了15棵树。第三天工人为了弥补头一天的缺额，起了个大早，更加努力地砍伐，可是这一天他砍的树更少了，只有11棵。

工人十分难为情，跑到老板那里道歉："老板，不知为什么，我的力气越来越小了，砍的树越来越少了。"

老板问他："你上一次磨斧子是什么时候？"

工人一听愣住了，回答道："磨斧子？我没有时间磨斧子呀！我一直忙着伐木……"

在人生的道路上，不要一味地低头盲干，而不抬头看路。人生需要不断充电、学习，才能走得更远、更稳。正所谓"磨刀不误砍柴工"。

阅读感悟：

【走进心灵】

丰富多彩的人生充满酸甜苦辣，喜怒哀乐。老师愿意分享你的快乐，驱散你的忧愁。

我想对老师说：
老师对我说：

第八课　现象的本质与明辨是非

一、在认识事物本质的过程中提高人生发展能力

【活动体验 1】奇特的自然现象

大千世界，无奇不有，世界各地常发生很多奇特的自然现象，例如海市蜃楼、红日、极光等。请列举至少三种奇特的自然现象，并解释这些自然现象产生的原因。可以将收集到的相关图片做成 PPT 向大家介绍。

奇特的自然现象	原因

【活动体验 2】花语知多少

在生活中我们常常给别人送花，鲜花不仅漂亮，而且代表一定的意义。比一比谁知道的花语多。

花名	意义	适合送的人
康乃馨		
玫瑰花		
海棠花		
长寿花		

【学以致用】

春秋时代，楚国有一个商人专门卖珠宝。有一次他到齐国去兜售珠宝，为了招揽顾客，使珠宝畅销，他特地用名贵的木料做了许多小盒子，并把盒子雕刻、装饰得非常精致、美观，然后把珠宝装在盒子里面。有一个郑国人看见装珠宝的盒子非

常漂亮,问明价钱后买了一个,打开盒子把里面的珠宝拿出来退还给珠宝商,把盒子拿走了。

1. 单项选择题

(1)以上故事是哪个成语的来历?( )

A. 买椟还珠 B. 刻舟求剑 C. 拔苗助长 D. 自相矛盾

(2)以上成语故事反映的哲学道理是( )。

A. 不能只看事物的表面,要透过现象看本质

B. 买东西要买包装完好的

C. 商品的外包装决定了商品的价格

D. 销售要实事求是,不能欺骗消费者

2. 情景是非题

郑国人只买走了盒子,留下了珠宝,说明郑国人不注重价值,只注重外表,吃亏了还不自知。( )

3. 多项选择题

(1)由以上成语故事得出的启发有( )。

A. 做事要透过现象认识本质

B. 事物的表面现象丰富多彩,要擦亮眼睛,仔细辨别

C. 认识事物不能停留在事物的外表上

D. 人的认识能力的高低体现为能否透过现象把握本质

(2)下列关于现象与本质的辩证关系的说法正确的有( )。

A. 现象与本质是统一的

B. 现象是本质的现象,本质是现象的本质

C. 现象与本质既相互对立,又相互依存,是对立统一的

D. 现象可以凭我们的感官或借助仪器观察到,本质要靠抽象思维才能把握

4. 实践问答题

观察父母和老师的行为,他们是如何关心爱护你的?请举例说明。

观察对象	爱的表达方式
父母	
老师	

【学习评价】

项目	A级	B级	C级	自评	互评	师评
活动参与	积极参与课堂活动，大胆表达自己的意见，大胆提问	能参与课堂活动，按要求完成课堂任务，认真听讲	不积极参与课堂活动，不认真听讲			
发言质量	积极举手发言，表达清晰，逻辑性强，观点明确	能举手发言，基本能表达清楚观点	很少举手发言，没有认真思考，观点表达不清楚			
组内贡献	善于合作，能带领组内同学进行讨论交流，高质量地完成任务	能与人合作，听取别人的意见，完成分内的任务	缺乏合作精神，不积极参与组内活动，不听取别人的意见			
作业质量	认真完成各项作业，质量高，能运用所学哲理分析问题、解决问题	能完成作业，但不能灵活运用所学知识分析问题、解决问题	不完成作业，敷衍马虎			
个人进步	与上节课相比进步明显，专心听讲，积极参与活动，认真完成作业	与上节课相比维持原样，没有进步	与上节课相比各方面表现退步很大			

【引思明理】

眼观六路，耳听八方。
去粗取精，去伪存真。
由此及彼，由表及里。
避虚就实，博采众长。

【学有所获】

本节课我最喜欢的环节是	
本节课我印象最深刻的是	
本节课我学习到的哲理是	
本节课我的疑惑是	

【哲理故事】

思维决定未来

有位年轻人乘火车去南方打工。火车行驶了大半天，车内的人望向车外，视野中是茫茫的丘陵和荒地，很乏味。年轻人的目光也随着火车行驶在窗外游移。

在一个很大的拐弯处，火车减速前行。这时，一座简陋的平房缓缓地进入了人们的视野。在这一刻，几乎所有乘客都像哥伦布发现新大陆一样，很开心。有几个大学生模样的人感叹说，这座房子简直就是沙漠中的一片绿洲，给人以希望。

年轻人的思维立刻动了一下。回来时，他特意在那个平房附近的小镇下了车。几经周折，他找到了那房子。原来修建京九铁路时，铁路边仅有的几座房子几乎都被拆迁了，只有这座房子不知何故被留了下来。房主非常烦恼，很想低价将房屋卖掉，但多年来一直无人问津。

年轻人得到这些信息后非常高兴，谈妥之后迅速赶回家借了 5 万块钱买下了那座平房。年轻人的家人和朋友都不理解他买这座房子到底有什么用。他说，这座房子正好处在一个大拐弯处，火车每次经过这里时都要减速慢行，突然跃入乘客视野的这座平房成了他们为之一振的景观，是一个再好不过的广告载体啊。

紧接着他着手和一些大企业联系，推荐这座房子的广告墙。很快，可口可乐公司经过实地考察，以三年支付 20 万元的价格租用这座房子作为公司的广告载体。

在这个世界上，贫穷与富有其实就在一念之间。多加思考，莫让智慧生锈，财富与成功或许就在你眼前。做一个有远见的人，转换思维方式，往往会有意想不到的收获。

阅读感悟：

【走进心灵】

丰富多彩的人生充满酸甜苦辣，喜怒哀乐。老师愿意分享你的快乐，驱散你的忧愁。

我想对老师说：
老师对我说：

二、学会识别假象，明辨是非

【活动体验 1】慧眼识伪

生活中的下列说法是真的吗？请把你认为不是真的的说法写下来，并说明理由。

(1)不吃早餐容易得胆结石。
(2)计算机前放盆仙人掌能防辐射。
(3)吃黑芝麻能让头发变黑。
(4)吃猪血能去肺里的灰尘。
(5)蛇头斩断后还能咬人。
(6)超市小票有双酚 A，摸多会致癌。
(7)跟狗亲嘴可能染上狂犬病。
(8)鸡蛋用纸包裹鸡蛋从高处摔下不会碎。

我认为不是真的的有：   原因：

【活动体验 2】给小东的信

小东是一名中职学生，家庭富裕，但父母忙于做生意赚钱，很少关注他的学习、生活，他感觉苦闷又孤独。一个偶然的机会，他结识了几名社会青年，他们陪小东玩网络游戏，教他喝酒、抽烟……孤独的小东觉得自己找到了知心朋友。小东的父母发现后，要求他与那些社会青年断绝来往，但小东不予理睬，依然我行我素。

假如你是小东的同学，你会如何劝解小东？请写下来。

我想对小东说：

【学以致用】

“爱心妈妈”是很多人对李利娟的称呼。李利娟的真实姓名叫李艳霞，1996 年她收养了第一个四川籍孤儿。2007 年 12 月，李利娟创办了河北省武安市民建福利爱心村。据媒体报道，李利娟收养过 118 名残孤儿童，她也因此成了当地的知名爱心人士，被不少媒体称为“爱心妈妈”。2006 年，李利娟获得“感动河北年度人物”时，颁奖词写道：“李利娟，用自己柔弱而又坚强的肩膀，以真诚而又执着的爱心，赢得了‘爱心妈妈’这个散发着温暖和耀眼光芒的光荣称号。”

然而，就是这样一个远近闻名的爱心村，却是一家非法组织。

从 1996 年至今，李利娟收养的儿童越来越多，名气越来越大，因此接受的捐款越来越多，这成了李利娟的福利爱心村的主要收入来源。武安市民政局副局长武志荣告诉记者，李利娟主要通过民办非企“爱心村”在社会上骗取一些荣誉，敲诈勒索钱财，从而达到敛财的目的。

尝到“慈善事业”甜头的李利娟个人私欲开始膨胀，其所收养的残疾儿童、孤儿等竟成了她骗取“善款”的“敲门砖”。

武志荣表示，李利娟一直拒绝与民政部门合作，面对民政局专门对其下发的“要求将孩子接入公办福利机构”的通知，李利娟一直拒不执行。久而久之，李利娟创办的福利爱心村几乎成了一片法外之地：安全检查进不了门，公安机关无法对残孤儿童采血，甚至对消防整改通知书，李利娟也采取拒签态度。李利娟甚至将经济贫困但有合法监护人的儿童也纳入收养对象，从而营造出“爱心村”规模扩大的假象，达到其争取更多政府资金的目的。

武安市公安机关的数据显示：初步查明李利娟名下的存款有 2000 多万元人民币，美元 2 万元，并在武安市、邯郸市有多处房产。仅 2017 年，李利娟就通过武安市民政部门领取低保金、房屋取暖费、房屋修缮费等共计 127 万多元。

目前，因涉嫌多起敲诈勒索犯罪、扰乱社会秩序犯罪，河北省武安市民建福利爱心村的负责人李利娟已被刑事拘留。由于群众举报较多，公安机关正在对李利娟一案进一步核实调查。武安市公安局政治部主任任鹏飞表示，对群众的举报件，目前公安机关还在逐个核查、落实，公安机关会站在公正的立场上，把每一起案件认定好、办好，也会提取每个儿童的 DNA，在失踪儿童库里进行比对，做到对每个孩子负责。

1. 单项选择题

(1)案例中李丽娟以收养孤儿为名骗取钱财，骗取大众对她的“善意”点赞，充分说明社会生活中的现象具有(　　)。

A. 多样性和复杂性　　B. 单一性

C. 欺骗性　　D. 虚假性

(2)案例中李丽娟打着行善的旗号给自己敛财，说明假象会歪曲事物的本质。我们该

如何看待假象？（　　）

A. 假象是错误的，要抛弃、远离

B. 要学会识别假象，透过现象看本质

C. 假象才能决定事物的本质

D. 假象是游离于本质之外的附加的东西

2. 情景是非题

李丽娟的案例令人震惊，告诉我们要对所有行善的人持怀疑态度，所有善良都是有目的的。（　　）

3. 多项选择题

（1）我们该如何面对生活中的真善美、假恶丑？（　　）

A. 对所有现象都持怀疑态度，生活中假象多、真相少

B. 学会明辨是非

C. 学会识别假象

D. 学会理性分析，把握本质

（2）在生活中，我们要有一双明辨是非的“慧眼”，方法有（　　）。

A. 掌握透过现象把握本质的方法

B. 明确判断是非和衡量是非的标准

C. 学会正确区分真相和假象，不被假象所迷惑

D. 把握事物本质，必须掌握科学的思维方法

4. 实践问答题

在生活中你是如何交朋友的？你如何看待“益友”与“损友”？请结合所学的哲学知识谈一谈。

【学习评价】

项目	A 级	B 级	C 级	自评	互评	师评
活动参与	积极参与课堂活动，大胆表达自己的意见，大胆提问	能参与课堂活动，按要求完成课堂任务，认真听讲	不积极参与课堂活动，不认真听讲			
发言质量	积极举手发言，表达清晰，逻辑性强，观点明确	能举手发言，基本能表达清楚观点	很少举手发言，没有认真思考，观点表达不清楚			
组内贡献	善于合作，能带领组内同学进行讨论交流，高质量地完成任务	能与人合作，听取别人的意见，完成分内的任务	缺乏合作精神，不积极参与组内活动，不听取别人的意见			

续表

项目	A级	B级	C级	自评	互评	师评
作业质量	认真完成各项作业，质量高，能运用所学哲理分析问题、解决问题	能完成作业，但不能灵活运用所学知识分析问题、解决问题	不完成作业，敷衍马虎			
个人进步	与上节课相比进步明显，专心听讲，积极参与活动，认真完成作业	与上节课相比维持原样，没有进步	与上节课相比各方面表现退步很大			

【引思明理】

是非之地，不可久留。
善恶之别，不可混淆。
分辨对错，分清荣辱。
践行道德，改变命运。

【学有所获】

本节课我最喜欢的环节是	
本节课我印象最深刻的是	
本节课我学习到的哲理是	
本节课我的疑惑是	

【哲理故事】

两枚硬币的分配

1945年10月，男孩出生于巴西伯南布哥州的一个农民家庭。因家里穷，从4岁起他就得到街上贩卖花生，但仍衣不蔽体，食不果腹。上小学后，他常和两个小伙伴在课余时间到街上擦鞋，如果没有顾客就得挨饿。

12 岁那年的一个傍晚，一家洗染铺的老板来擦鞋，三个小男孩都围了过去。老板看着三个孩子渴求的目光，很是为难。最后，他拿出两枚硬币说："谁最缺钱，我的鞋子就让他擦，并且支付他两元钱。"

那时擦一双皮鞋顶多 20 分钱，这 10 倍的钱简直是天上掉馅饼。三双眼睛放出了异样的光芒。

"我从早上到现在都没吃东西，如果再没钱买吃的，我可能会饿死。"一个小伙伴说。

"我家里已经断粮三天了，妈妈又生病了，我得给家人买吃的回去，不然晚上又得挨打了……"另一个小伙伴说。

男孩看了看老板手里的两元钱，顿了一会儿，说："如果这两元钱真的让我挣，我会分给他们一人一元钱！"

男孩的回答让洗染铺的老板和两个小伙伴大感意外。

男孩说："他们是我最好的朋友，已经饿了一天了，而我至少中午还吃了点儿花生，有力气擦鞋。您让我擦吧，我一定让您满意。"

老板被男孩感动了，待男孩擦好鞋后，他将两元钱付给了男孩。而男孩并不食言，直接将钱分给了两个小伙伴。

几天后，老板找到男孩，让男孩每天放学后到他的洗染铺当学徒工，还管晚饭。虽然学徒工工资很低，但比擦鞋强多了。

男孩知道，是因为自己向比自己窘困的人伸出了援手，才有了改变命运的机会。从此，只要有能力，他就会去帮助那些生活比自己困难的人。后来他辍学进入工厂当工人，为争取工人的权益，他 21 岁加入工会，45 岁创立劳工党。2002 年，他提出"让这个国家所有的人一日三餐有饭吃"的竞选纲领，赢得了选民的支持，当选为总统。2006 年，他竞选连任，再次当选为总统。

在 8 年的任期里，他践行"达则兼济天下"的承诺，使这个国家 93% 的儿童和 83% 的成年人一日三餐都得到了食物。他带领的巴西也从"草食恐龙"变成了"美洲雄狮"，一跃成为全球第十大经济体。

没错，他就是 2010 年年底任期届满而卸任的巴西前总统卢拉。

人在自己处于困境时还能给予别人帮助，替他人着想，令人感动和佩服，人性的光辉在逆境中闪耀。对别人给予支持与尊重，也能给自己赢得更多机会。

阅读感悟：

【走进心灵】

丰富多彩的人生充满酸甜苦辣，喜怒哀乐。老师愿意分享你的快乐，驱散你的忧愁。

我想对老师说：
老师对我说：

第九课　科学思维与创新能力

一、掌握科学思维方法，提高人生发展能力

【活动体验 1】脑洞大开：找联系

在两个没有关联的信息间寻找各种关联，把它们联系起来。

例如：粉笔—原子弹。

粉笔—老师—科学知识—科学家—原子弹。

足球—讲台

黑板—厨师

大雨—手机

【活动体验 2】试一试

下图是由 4 个相同的等边三角形组成的图形，你能添加 1 个三角形，使这个图形包含 14 个等边三角形吗？

【学以致用】

日本有两家鞋厂分别派了一位推销员到太平洋上的一个小岛推销鞋子。这个岛地处热带，岛上的居民一年四季都光着脚，全岛找不出一双鞋子。一家鞋厂的推销员很失望，给公司本部拍了一份电报："岛上无人穿鞋，没有市场。"第二天，他就回国了。而另一家鞋厂的推销员看到这个岛上没人穿鞋，心中大喜，他住了下来，也立即给公司拍了一份电报："岛上无人穿鞋，市场潜力很大，请速寄100双鞋来。"

等适合岛上的居民穿的软塑料凉鞋寄到岛上时，这个推销员已与岛上的居民混熟了，他把99双凉鞋送给了岛上有名望的人和一些年轻人，留下了1双自己穿。因为这种鞋不怕水，又可保护脚不被蚊虫叮咬和石块戳伤，岛上的居民穿上之后都觉得舒服，不愿脱下来。时机已到，推销员马上从公司运来大批鞋子，很快销售一空。一年后，岛上的居民就全部穿上了鞋子。

岛上的居民从不穿鞋，这对鞋厂的推销员来说有两种可能，一种是鞋子卖不掉，没有市场；另一种是这个市场可以开拓，让岛上的人都穿上鞋。

在机会均等的条件下，这两位推销员作出了截然相反的判断，所以采取了相反的策略和努力，就出现了两种截然不同的结果。

1. 单项选择题

（1）两位推销员面对同样的市场，工作结果却截然不同，他们的区别在于（　　）。

A. 人际关系处理能力不同　　B. 思维方式不同

C. 敬业程度不同　　D. 对公司的忠诚度不同

（2）下列关于人的思维的说法错误的是（　　）。

A. 人是会思维的动物

B. 人能够通过思维揭示事物的本质和规律

C. 人的任何思维方式都是科学的

D. 人一定要学会科学思维，掌握科学思维方式

2. 情景是非题

两位推销员的思维方式有差异，一位是直线思维，导致推销失败；另一位是逆向思维，推销成功。所以，我们要培养不同的科学思维方式。(　　)

3. 多项选择题

(1)科学思维方法的特点及作用有(　　)。

A. 科学思维方法对人们正确认识世界和改造世界有重要的指导作用

B. 科学思维方法在学习和实践中才能得到提高

C. 培养科学思维方法，必须以科学的世界观和方法论为指导

D. 培养科学思维方法，要求我们遵循形式逻辑的要求，正确地运用形式逻辑

(2)上述案例带给我们的启发有(　　)。

A. 只要有不同于常人的思维，做事就能成功

B. 思维方式不同，做事结果就不同

C. 人要善于观察、学习、思考和总结，不要一味盲干

D. 做事要积极思考，多谋善断，才能成功

4. 实践问答题

中职校园生活是充实而忙碌的，专业课程学、社团活动、社会实践等，你是如何处理它们之间的关系的？请用科学思维方式谈一谈你的想法。

【学习评价】

项目	A级	B级	C级	自评	互评	师评
活动参与	积极参与课堂活动，大胆表达自己的意见，大胆提问	能参与课堂活动，按要求完成课堂任务，认真听讲	不积极参与课堂活动，不认真听讲			
发言质量	积极举手发言，表达清晰，逻辑性强，观点明确	能举手发言，基本能表达清楚观点	很少举手发言，没有认真思考，观点表达不清楚			
组内贡献	善于合作，能带领组内同学进行讨论交流，高质量地完成任务	能与人合作，听取别人的意见，完成分内的任务	缺乏合作精神，不积极参与组内活动，不听取别人的意见			

续表

项目	A级	B级	C级	自评	互评	师评
作业质量	认真完成各项作业，质量高，能运用所学哲理分析问题、解决问题	能完成作业，但不能灵活运用所学知识分析问题、解决问题	不完成作业，敷衍马虎			
个人进步	与上节课相比进步明显，专心听讲，积极参与活动，认真完成作业	与上节课相比维持原样，没有进步	与上节课相比各方面表现退步很大			

【引思明理】

多动脑，常动手；
勤思考，善践行。
以思路，谋出路；
重思维，促创新。

【学有所获】

本节课我最喜欢的环节是	
本节课我印象最深刻的是	
本节课我学习到的哲理是	
本节课我的疑惑是	

【哲理故事】

母熊与猎人

一只小熊独自在丛林中玩耍，不小心闯进了一片灌木林。他走出灌木林后发现自己迷路了，便惊慌失措地哭了起来。

一位猎人恰好路过，将小熊带回了母熊身边。母熊十分感激猎人，说："您救了我的孩子，就是我的大恩人。愿上天保佑您，如果您愿意，我希望您能成为我的朋友。"

猎人听了有些踌躇，说："我们交朋友？"

“您难道不想吗?”母熊有些失落。

“不是,但我不知道该怎么说……”猎人吞吞吐吐地说。

“是不是您不信任我们熊?”母熊问。

“可能是吧,但这并不等同于我不相信你和你的孩子。”

“正是如此。有的人类不能信任,但对于您,我却敢放心交往,因为您是我和我孩子的恩人。”

于是,猎人和母熊一家结成了朋友,走动频繁,往来十分密切。母熊经常给猎人送山珍野味,猎人也常把打到的猎物送给母熊。

一天,猎人上山打猎,天太晚回不去了,就来到母熊家,要求借住一个晚上。母熊热情地款待了猎人,猎人享用了丰盛的晚餐后,睡了一个舒坦的觉。

第二天一早,猎人刚起来,母熊就进来慰问:“昨晚睡得好吗? 朋友。”

猎人回答:“很好,朋友。只是存在一点点小问题。”

“什么问题?”母熊好奇地询问。

“你身上有一股臭味!”猎人小声说。

母熊听了,脸上掠过一丝不悦。她转身拿起一把刀,说:“你砍我一刀吧!”

猎人吃惊地看着母熊。

“砍吧,我受得住!”母熊催促道。

猎人用刀轻轻拍了母熊一下。

“砍出血来!”母熊吼道。

猎人用力砍了一刀,鲜血从母熊背上飞溅出来。砍完之后,母熊和猎人告了别。

很久以后,猎人又去拜访母熊。母熊仍然如往常一样盛情款待了他。在分离时,猎人问母熊:“你的伤好了吗?”

“什么伤?”母熊问。

“我用刀砍的。”

“那伤早就痊愈了,我已经忘了。”母熊回答说。突然,她用忧伤的语气对猎人说:“但是,我的另一种伤永远也无法愈合!”

“是什么伤?”猎人不解地问。

“你说我身上有一股臭味! 这句话我一辈子也无法忘记!”

听了母熊的话,猎人愣在了那里,为当初自己那句无心的话而深感懊悔。

说者无意,听者有心。我们在和别人交流时要尊重对方的个性和特征,千万不能伤害对方的心灵和自尊,否则我们将失去真正的朋友。身体的伤痛能愈合,心灵的伤痛则无法愈合。

阅读感悟：

【走进心灵】

丰富多彩的人生充满酸甜苦辣，喜怒哀乐。老师愿意分享你的快乐，驱散你的忧愁。

我想对老师说：
老师对我说：

二、运用科学思维提高创新能力

【活动体验1】小实验

有一个装满水的杯子，如何在不倾倒、不打破杯子的情况下取出杯子里面的水？你能想出几种办法？写下来，并动手试一试。

【活动体验2】趣解汉字

例："兵"对"丘"说：看战争多残酷，把两条腿都炸飞了。

"叉"对"又"说：________________

"输"对"偷"说：________________

"十"对"千"说：________________

"灯"对"丁"说：________________

"传"对"砖"说：________________

"比"对"北"说：________________

"日"对"曰"说：________________

"土"对"丑"说：________________

【学以致用】

美国佛罗里达州有个画家，叫李浦曼，他的生活相当贫困，是个穷画家。他穷得连画布、画纸都买不起，所用的画具都很破旧。然而，他并没有放弃自己的艺术追求，每天坚持作画，常常画到天亮。

有一天，李浦曼专心致志地画一幅素描。他仅有的一支铅笔已经削得很短很短了，他必须捏着铅笔作画。画着画着，他发现画面需要修改一下，于是他放下笔，在凌乱的工作室里寻找他仅有的一块橡皮。他找了好久，好不容易才找到那块比黄豆大不了多少的小橡皮。

他把需要修改的地方擦干净后,发现那支铅笔又失踪了。他找到这个,丢了那个,找来找去,耽误了不少时间,但仍耐着性子,终于找到了那截铅笔头。

一气之下,他决定把橡皮和铅笔头绑在一起,叫它俩谁也跑不掉!他找来一根丝线,把橡皮缚在铅笔的顶端,这样铅笔长了一些,用起来方便多了。可是没用几下,橡皮掉了下来,穷画家下了狠心,一定要把这淘气的橡皮头牢牢地固定在铅笔头上。为此,他竟然连画也不画了,发着倔劲儿干了好几天,想了种种办法固定这块橡皮……最后,他终于想出了一个好办法:用一块薄铁皮把它和铅笔的一头包起来。

这就是今天人们所使用的带橡皮的铅笔,这成了他的专利。

不久,著名的RABAR铅笔用五十万美元的巨款买下了这个专利。李浦曼由一个穷画家变成了发明家和大富翁。

1. 单项选择题

(1)李浦曼发明橡皮头铅笔的故事告诉我们创新源自(　　)。

A. 实践　　B. 想象　　C. 科学家　　D. 偶然发现

(2)下列关于创新的说法错误的是(　　)。

A. 创新很神秘莫测

B. 创新是人类特有的认识能力和实践能力

C. 创新是人类主观能动性的高级表现

D. 创新不是轻而易举就能做到的

2. 情景是非题

创新是一件很难的事情,是那些发明家、科学家做的事,我们不需要培养创新思维。(　　)

3. 多项选择题

(1)李浦曼在画画的过程中发明了橡皮头铅笔,说明创新思维(　　)。

A. 不是凭空产生的,需要以实践为基础

B. 实践的需要是创新思维最有价值的课题

C. 创新思维的任何课题都来自实践

D. 创新思维不需要学习、继承他人的成果

(2)运用科学思维方法,提高创新能力,下列说法正确的有(　　)。

A. 运用科学思维方法,提高创新能力,要学会把发散思维和聚合思维结合起来

B. 热爱生活、关注生活、享受生活是创新的前提和基础

C. 培养自信心,有战胜困难的勇气和冒险精神,是形成创造力的必要条件

D. 敢于提出问题、善于提出问题,是激发创造力的有效途径

4. 实践问答题

假如你要去某企业实习,你将如何有创意地介绍自己?请写下来。

【学习评价】

项目	A级	B级	C级	自评	互评	师评
活动参与	积极参与课堂活动，大胆表达自己的意见，大胆提问	能参与课堂活动，按要求完成课堂任务，认真听讲	不积极参与课堂活动，不认真听讲			
发言质量	积极举手发言，表达清晰，逻辑性强，观点明确	能举手发言，基本能表达清楚观点	很少举手发言，没有认真思考，观点表达不清楚			
组内贡献	善于合作，能带领组内同学进行讨论交流，高质量地完成任务	能与人合作，听取别人的意见，完成分内的任务	缺乏合作精神，不积极参与组内活动，不听取别人的意见			
作业质量	认真完成各项作业，质量高，能运用所学哲理分析问题、解决问题	能完成作业，但不能灵活运用所学知识分析问题、解决问题	不完成作业，敷衍马虎			
个人进步	与上节课相比进步明显，专心听讲，积极参与活动，认真完成作业	与上节课相比维持原样，没有进步	与上节课相比各方面表现退步很大			

【引思明理】

人生如帆，
创新如风。
帆要远航，
须乘东风。

【学有所获】

本节课我最喜欢的环节是	
本节课我印象最深刻的是	
本节课我学习到的哲理是	

续表

本节课我的疑惑是	

【哲理故事】

发善心的富人

一个富人见到一个穷人，觉得他很可怜，于是善心发作，想帮他致富。富人送给他一头牛，嘱咐他好好开荒，等春天来了撒上种子，秋天就可以变得富有。

穷人满怀希望地开始奋斗。可是没过几天，牛要吃草，人要吃饭，日子比过去还难。穷人就想，不如把牛卖了，买几只羊，先杀一只吃，剩下的还可以生小羊，长大了拿去卖，可以赚更多的钱。穷人实施了他的计划，只是吃了一只羊之后，小羊却迟迟没有生下来，日子又艰难了，忍不住又吃了一只。

穷人想：这样下去可不得了，不如把羊卖了，换成鸡，鸡生蛋的速度快一些，鸡蛋立刻可以赚钱，日子立刻可以好转。穷人又实施了他的计划，但是日子仍没有改变，又艰难了，又忍不住杀鸡，终于杀到只剩一只鸡时，穷人的理想彻底破灭了。

他想：致富是无望了，还不如把鸡卖了，打一壶酒，三杯下肚，万事不愁。

很快春天来了，发善心的富人兴致勃勃地来送种子，竟然发现穷人正就着咸菜喝酒，牛早就没有了，而他依然一贫如洗。

穷人与富人的差距，在某种程度上是思维方式的差距。富人看到未来，穷人只顾眼前。要想成功就要承受压力和痛苦，不贪图眼前利益，不图一时之快。不为失败找借口，只为成功找方法。

阅读感悟：

【走进心灵】

丰富多彩的人生充满酸甜苦辣,喜怒哀乐。老师愿意分享你的快乐,驱散你的忧愁。

我想对老师说:
老师对我说:

第四单元　顺应历史潮流
树立崇高的人生理想

第十课　历史规律与人生目标

一、人生发展必须有明确的人生目标

【活动体验 1】采访：人生目标

请在 10 分钟内采访你周围的 5 位同学，并记录他们的人生目标。

采访对象	人生目标

【活动体验 2】人生目标自我探索

请完成以下人生目标自我探索单。

人生目标自我探索单

(1)我的人生目标是：____________________

(2)我中职阶段的目标是：____________________

(3)我本学期的目标是：____________________

(4)我本月的目标是：____________________

(5)我本周的目标是：____________________

(6)我今天的目标是：____________________

为了实现我的人生目标，我会付出________% 的努力。

【学以致用】

在北京故宫博物院，你能碰到这样一个奇人——她脸蛋红彤彤，衣着朴素，发型不经任何修饰……然而就是这样一个农妇，却是一名优秀的葡萄牙语讲解员！这样强烈的反差让每一位经过她身边的游客都忍不住好奇。

这位妇女名叫朱桂栀，只有小学文化，曾在街头做了 15 年修鞋嫂！可是她却凭着百折不挠的劲头，不仅让自己成为一名优秀的小语种讲解员，而且让儿子获得了远赴国外留学的机会。

这一切仿佛是一个神话，然而却因为那份有梦、有理想的坚毅精神而实现了。

朱桂栀 1968 年出生在重庆沙坪坝，由于家庭贫困，她小学没念完就回家务农了。1994 年，为了赚钱给儿子上学，朱桂栀带着孩子跟随丈夫到北京打工。

然而好景不长，丈夫不久便出事了，朱桂栀只好带着儿子一起回老家。就在她收拾行李准备回家时，房东摸着朱桂栀儿子的头，低声叹息道："可惜呀，这么聪明的孩子，若是留在北京读书，前途不可限量啊！"那一刻，朱桂栀的心被深深刺痛了！她决定独自带着儿子留在北京，靠修鞋和捡废品供孩子上学。

在一次修鞋时，她遇到了一个四川老乡，在故宫做讲解员，月收入 4000 多元。朱桂栀想要是能当上故宫讲解员，不仅能还清债务，还能给儿子交学费。经过再三合计，她决定选一门小语种——葡萄牙语。

对没有什么基础的朱桂栀来讲，学葡萄牙语着实不易。在这期间有无数次退缩，又有无数次鼓起勇气、孤注一掷。儿子的成绩是她的动力，儿子的懂事是对她莫大的鼓舞。她学葡萄牙语路上的艰辛让很多人动容和钦佩。

为了了解故宫，她花 60 元买了一张票，中午连饭都没吃，但到下午闭馆时仅走完珍宝馆和后三宫的一小部分。为了省门票钱，她悄悄躲起来蜷缩在树下的草地上又冻又饿地准备熬过长夜，可最后还是被保安发现了。听了朱桂栀的解释，在场的人都惊呆了，大家觉得太不可思议了。

功夫不负有心人，2006 年 6 月，她终于如愿以偿地当上了故宫的葡萄牙语讲解员。她的工资加提成最多时一个月有 8000 多元。她儿子以优异的成绩考取了巴西利亚大学计算机专业。

1. 单项选择题

(1)朱桂栀留在北京的原因是(　　)。

A. 北京赚钱机会多　　B. 让儿子在北京享受优质教育

C. 回老家被人笑话　　D. 回老家生活更艰难

(2)让朱桂栀克服各种困难学习葡萄牙语的根本原因是(　　)。

A. 她确立了做一名葡萄牙语讲解员的人生目标

B. 做讲解员赚钱多

C. 给儿子赚钱当学费

D. 葡萄牙语比较容易学习

2. 情景是非题

从朱桂栀身上,我们看到了一位伟大的母亲为了抚育孩子所迸发出的惊人能量,也为她坚持不懈的精神所感动。(　　)

3. 多项选择题

(1)朱桂栀在北京生活,确立了奋斗目标,并最终成功了,这说明(　　)。

A. 人生有了目标就有了努力的方向

B. 人生有了目标就有了意义

C. 一个人有什么样的人生目标,就会成为什么样的人

D. 运气好、机会好,人生目标就能实现

(2)下列关于人生目标的说法正确的有(　　)。

A. 确立了人生目标,就有了人生发展的动力

B. 确立了人生目标,就有了人生成功的保障

C. 确立了人生目标,就会自觉克服各种困难,积极进取

D. 我们必须根据社会的需求和自己的实际情况确立人生目标

4. 实践问答题

朱桂栀的故事给你的学习生活带来了什么启发?

【学习评价】

项目	A级	B级	C级	自评	互评	师评
活动参与	积极参与课堂活动,大胆表达自己的意见,大胆提问	能参与课堂活动,按要求完成课堂任务,认真听讲	不积极参与课堂活动,不认真听讲			
发言质量	积极举手发言,表达清晰,逻辑性强,观点明确	能举手发言,基本能表达清楚观点	很少举手发言,没有认真思考,观点表达不清楚			
组内贡献	善于合作,能带领组内同学进行讨论交流,高质量地完成任务	能与人合作,听取别人的意见,完成分内的任务	缺乏合作精神,不积极参与组内活动,不听取别人的意见			

续表

项目	A 级	B 级	C 级	自评	互评	师评
作业质量	认真完成各项作业，质量高，能运用所学哲理分析问题、解决问题	能完成作业，但不能灵活运用所学知识分析问题、解决问题	不完成作业，敷衍马虎			
个人进步	与上节课相比进步明显，专心听讲，积极参与活动，认真完成作业	与上节课相比维持原样，没有进步	与上节课相比各方面表现退步很大			

【引思明理】

人生如帆，
规律如风。
帆要远航，
须乘东风。

【学有所获】

本节课我最喜欢的环节是	
本节课我印象最深刻的是	
本节课我学习到的哲理是	
本节课我的疑惑是	

【哲理故事】

把心放到冷水里

我上高中时，有一次参加学生会主席的竞选，初选战绩还不错，于是信心大增，开始挖空心思宣传自己，积极准备最后的选举。可最终的选举我却失败了，甚至连个部长都没有当上。我心情沮丧到了极点，整天无精打采，不想见人，感觉整个冬天都在为我而寒冷。

一天，老师将我叫到办公室，什么也没说，倒了一杯热水，又倒了一杯冷水，笑着问我："如果我把它们拿到室外，你说哪一个杯子里的水先冻上？"我不假思索地说："肯定是冷水

先冻上了！”老师一笑，说：“好，那咱们试一试。”他把两杯水拿到了窗外。过了一会儿，老师叫我一起来到窗前，令我惊讶的是，热水已经上冻了，可冷水还没有，我惊讶无语。老师笑了笑，对我说：“一颗燥热的心就如这杯热水，在遭遇寒流的时候更容易冻结。”

老师又拿出一个冻苹果，切下两块，一块放在热水杯里，一块放进冷水杯里，然后问我：“你说哪一个杯子里的苹果先解冻？”我犹豫了一下，害怕答错，过了一会儿，才小心翼翼地说：“应该是热水杯里的先解冻吧？”可结果又令我一惊，冷水泡过的苹果虽然外面包着一层薄冰，但整块苹果却软软的，已经解冻了。而热水泡过的苹果虽然外层软软的，但内部却硬邦邦的，没有解冻。我又是无语，老师对我说：“一颗冰冷的心就如这块冻苹果，当它被燥热的水浸泡的时候，解冻是漫长的，不如给它降降温，冻就会很快解开。”

体会到了老师的用心良苦，我便用一颗冷静的心去思考，突然间发现自己确实还不具备竞选的实力：学习中游，各项活动中见不到自己……想到竞选失败，也就没什么遗憾了。

在后来的岁月中，我依然热烈地追求自己的梦想，只不过总要给自己炽热的心不时降降温。

无论做什么事情，都要保持良好的心态。不以物喜，不以己悲。追求得越狂热，可能受的打击也就越大。但是当心被失败的寒冷冻结时，让心冷静下来，冻就会很快解开。只有保持冷静、淡定的心态，仔细分析，才能作出准确无误的判断，坦然对待成功与失败。

阅读感悟：

【走进心灵】

丰富多彩的人生充满酸甜苦辣，喜怒哀乐。老师愿意分享你的快乐，驱散你的忧愁。

我想对老师说：

老师对我说：

二、实现人生目标必须符合历史规律

【活动体验 1】名人的人生目标

尽可能多地写下你知道的名人的人生目标(例:周恩来——为中华之崛起而读书),并思考一下他们的人生目标有什么共同特点。

名人	人生目标

【活动体验 2】我对玲玲说

玲玲和同桌小娟是即将去企业实习的中职生。课间谈起实习前即将参加学校组织的招聘会时,玲玲对小娟说:“我早考虑好了我的求职目标,简单说就是六原则:福利好、责任轻、离家近、升职快、事少、钱多。我要一步到位,找到能满足我所有要求的公司。只要坚持自己的人生目标,就一定能实现。”

如果你是玲玲的同桌小娟,你会对玲玲说什么?请写下来。

【学以致用】

四十多年前,有一个十多岁的穷小子,他自小生长在贫民窟里,身体非常瘦弱,却立志长大后要做美国总统。如何实现这个抱负呢?年纪轻轻的他经过几天几夜的思索,拟定了一系列连锁目标。

要做美国总统首先要做美国州长—要竞选州长必须得到雄厚的财力支持—要获得财团的支持就一定得融入财团—要融入财团就需要娶一位豪门千金—要娶一位豪门千金就必须成为名人—成为名人的快速方法是做电影明星—要做电影明星得练好身体,练出阳刚之气。

按照这样的思路,他开始步步为营。一天,当他看到著名的体操运动主席库尔后,他相信练健美是强身健体的好办法,因而有了练健美的兴趣。他开始刻苦而持之以恒地练习健美,他渴望成为世界上最结实的男人。三年后,凭着发达的肌肉和健壮的体格,他成了健美先生。

在之后的几年中,他成了欧洲乃至世界健美先生。22岁时,他进入了美国好莱坞。在好莱坞,他花了十年时间,利用自己在体育方面的成就,一心塑造坚强不屈、百折不挠的硬汉形象。终于,他在演艺界声名鹊起。当他的电影事业如日中天时,女友的家庭在他们相恋九年后,终于接纳了这位“黑脸庄稼人”。他的女友就是赫赫有名的肯尼迪总统的侄女。

婚姻生活过了十几个春秋,他与太太生育了四个孩子,建立了一个“五好”家庭。2003年,年逾57岁的他告老退出了影坛,转而从政,并成功地竞选成为美国加州州长。

他就是阿诺德·施瓦辛格。

1. 单项选择题

(1)施瓦辛格的人生目标是(　　)。

A. 成为电影明星　　B. 迎娶豪门太太　　C. 成为健美明星　　D. 成为美国总统

(2)施瓦辛格从小立志,并为之付出努力,说明(　　)。

A. 人生目标确立得越高,越能实现　　B. 人生目标是人生前进的动力

C. 实现人生目标要有好运气　　D. 从小确立人生目标才能实现

2. 情景是非题

施瓦辛格的故事告诉我们,长远目标可以分解为很多个阶段目标,一个个阶段目标的实现为实现长远目标打下了基础。(　　)

3. 多项选择题

(1)施瓦辛格能朝着自己树立的人生目标一步步前进,原因有(　　)。

A. 他确立的人生目标符合主客观条件

B. 为了实现目标,他能坚持不懈

C. 为了实现人生目标,他作了详细计划,并付诸实践

D. 他人生目标的实现是一种巧合

（2）下列关于人生目标的说法正确的有（　　）。

A. 人生不要常立志，而要立长志

B. 人生至关重要的是有远大的目标和达成这个目标的雄心壮志

C. 今朝有酒今朝醉

D. 做一天和尚撞一天钟

4. 实践问答题

你本月的学习目标是什么？请为这个目标列一个详细的计划，并请同桌监督实施。

【学习评价】

项目	A级	B级	C级	自评	互评	师评
活动参与	积极参与课堂活动，大胆表达自己的意见，大胆提问	能参与课堂活动，按要求完成课堂任务，认真听讲	不积极参与课堂活动，不认真听讲			
发言质量	积极举手发言，表达清晰，逻辑性强，观点明确	能举手发言，基本能表达清楚观点	很少举手发言，没有认真思考，观点表达不清楚			
组内贡献	善于合作，能带领组内同学进行讨论交流，高质量地完成任务	能与人合作，听取别人的意见，完成分内的任务	缺乏合作精神，不积极参与组内活动，不听取别人的意见			
作业质量	认真完成各项作业，质量高，能运用所学哲理分析问题、解决问题	能完成作业，但不能灵活运用所学知识分析问题、解决问题	不完成作业，敷衍马虎			
个人进步	与上节课相比进步明显，专心听讲，积极参与活动，认真完成作业	与上节课相比维持原样，没有进步	与上节课相比各方面表现退步很大			

【引思明理】

树目标，析条件；
遵规律，立目标。
小目标，合大局；
明方向，促成长。

【学有所获】

本节课我最喜欢的环节是	
本节课我印象最深刻的是	
本节课我学习到的哲理是	
本节课我的疑惑是	

【哲理故事】

贪念带来灾难

从前有两个兄弟，他们从小就失去了父母，兄弟俩相依为命，家境非常贫寒。

他们俩以打柴为生，生活得非常辛苦，但他们一直都不抱怨，而是起早贪黑，一天到晚忙个不停。在生活中哥哥照顾弟弟，弟弟疼惜哥哥，虽然生活艰苦，但日子过得还算舒心。

一天，兄弟俩的事被天上的神仙知道了，便决定下界去帮他们一把。这天清早，兄弟俩还未起床，神仙便来到了他们的梦里，对兄弟俩说："在远方有一座太阳山，山上撒满了金光灿灿的金子，你们可以前往拾取。不过一路艰难险阻，你们可要注意安全。另外，太阳山温度非常高，你们只能在太阳出来之前拾取黄金，要不然太阳出来了，你们就会被烧死。"神仙说完就消失了。

兄弟二人从睡梦中醒来，高兴得很。他们谈论了一下，便起程去了太阳山。一路上，有时遇到毒蛇猛兽，有时遇到狼虫虎豹，有时风雨交加，有时电闪雷鸣。兄弟俩很团结，最终克服了各种艰难险阻。不知过了多久，他们终于来到了太阳山。这时太阳还没有出来，"啊！漫山遍野的黄金，照得我眼睛都睁不开了。"弟弟满脸兴奋，显然没有了长途跋涉的疲惫与困顿。哥哥看到后只是淡淡地笑了笑。

哥哥只是捡了一块大一点儿的金子就下山了。弟弟捡了一块又一块，就是不肯罢手。很快整个袋子都装满了，弟弟还是不愿意住手。太阳出来了，可是弟弟却一点儿也不顾。这时，他耳边响起了神仙的警告："太阳快出来了，赶紧回去吧！"弟弟却说："我费了这么大劲儿捡到这么多金子,你就让我一次捡个够吧!”说完,他又高兴地捡了起来。

太阳出来了,气温渐渐升高。弟弟看到了太阳,慌忙背着金子往回走。可是金子实在太重了,他的步履有些蹒跚,太阳越升越高,弟弟最后倒了下去,再也没有站起来。

哥哥回到家之后,用捡到的那块金子作为本钱,做起了买卖,后来成了很有名的大富翁。可弟弟却永远留在了太阳山。

做人不能贪得无厌、不知足,否则无尽的贪欲最终会毁掉自己。知足常乐、适可而止是人生之大智慧。美好的生活要靠勤劳的双手去创造,不义之财最终只能给自己带来灾难。

阅读感悟:

【走进心灵】

丰富多彩的人生充满酸甜苦辣,喜怒哀乐。老师愿意分享你的快乐,驱散你的忧愁。

我想对老师说:
老师对我说:

第十一课　社会理想与个人理想

一、正确处理个人理想和社会理想的关系

【活动体验 1】发展的中国

请你描述近年来中国的成就或变化，例如一带一路、G20 杭州峰会、共享单车、微信支付等，并说一说这些成就或变化对我们的生活的影响。

成就或变化	对生活的影响
共享单车	解决最后一千米问题，绿色环保，出行方便，促进文明

【活动体验 2】理想是什么

请写下你认为最能回答“理想是什么”这个问题的答案。

理想是____

理想是____

理想是____

理想是____

【学以致用】

2012 年 6 月上旬的一个周末，阳光明媚的午后，北京航天城航天员公寓。

身着便装的刘洋坐在沙发上，就像一位普通的邻家女孩。在采访中，她的率真、自信、阳光感染了记者。

记者：“神五”杨利伟首次飞天，你当时在干什么？

刘洋：当时刚从航校毕业，这事印象特深刻。那时我特崇拜杨利伟，在太空飞行，那是一个很高很高的舞台。

记者：如今你也将创造历史，成为中国首位“飞天女”，心情如何？

刘洋：感触很多，不仅仅是高兴。我觉得自己很幸运，从普通学生到飞行员、再到航天员，想想自己成长的每一步，无意中都和国家的发展、时代的脚步紧密联系在了一起。

记者：从飞行员到航天员，难度大吗？

刘洋：当飞行员时吃过很多苦，所以刚当航天员时心里想这有什么啊，一切都不在话下。可后来发现，航天员训练强度之高超出了想象。比如坐转椅，飞行员只需坐 4 分钟，而航天员要连续坐 15 分钟。每一项训练都在挑战自己的生理极限，如果没有对航天事业的热爱，根本无法坚持下来。

记者：特别困难的时候，会哭吗？

刘洋：当飞行员时哭过。有一次我要好的同学飞行考试被淘汰了，我伤心地在电话里对着爸爸号啕大哭。现在长大了，不会再哭了，我找到了更好的办法：每次难以忍受时，我就会幻想自己在美丽的海边，转移注意力，这招很灵。

记者：坚韧是航天员必备的素质吗？

刘洋：对。跟驴友登山一样，只有坚持、坚持，才能看到更美丽的风景。

记者：听教员们说，在训练中你对自己的要求很严格？

刘洋：不是很严格，而是必须要很苛刻。从当飞行员的第一天起，教练就和我们说，你们要漠视你们的性别，不要拿性别当借口，得和男性战友一样飞。

记者：训练就不能对女航天员稍微降低些标准吗？

刘洋：平时训练可以照顾，可是到了太空，太空环境会照顾我们吗？它会因为女同志来了而环境变得和地球上一样吗？不会的，你所面对的环境和男性一样。如果你训练不到位，祖国怎么放心让你去执行任务呢？

记者：按常规，一名成熟的航天员至少需要培养 4 年。你是如何在 2 年之内完成训练任务的？

刘洋：我记得当年毛主席在接见女飞行员时曾说，要当人民的战斗员，不要当人民的表演员。这句话同样适用于女航天员，从当航天员的第一天起，我就把自己当成一个战斗员来培养。

记者：过去 2 年的训练生活很辛苦？

刘洋：对外人来说，航天员的生活很神秘。可对我来说，非常紧张，非常单调，就是不停地学习，不停地训练。整整 2 年多，我没有逛过一次街，没有看过一次电影。

记者：当飞行员 4 年，安全飞行 1680 小时，你有何“独门秘笈”？

刘洋：我是个认真的人。遇到空中特情，之所以能够成功处置，其实就 3 个字，按规定。

记者：空中特情面临生死考验，能说说记忆最深刻的那一次吗？

刘洋：最险的要算 2009 年到西安去人工增雨。从武汉起飞就开始下小雨，过了没多久，飞机就开始结冰了。很危险，都能听到螺旋桨甩到冰块啪啪响。可当时我们必须第一时间赶过去，旱区群众都盼着降雨呢。

记者：从驾飞机到现在“坐太空飞船”，风险系数越来越高，想过吗？

刘洋：航天比飞行风险更大，我有这个心理准备。当风险来的时候，冷静面对它就好。航天员大队的师兄们经常说，“只要祖国让我上，哪怕只有百分之一的成功希望，我也义无反顾。”如今，这话也是我的心声。

1. 单项选择题

（1）刘洋作为中国首位飞天女宇航员，实现了自己的职业理想，下列关于理想的说法正确的是（　　）。

A. 理想是人生航程的灯塔　　B. 理想是人奋斗的精神支柱

C. 理想越远大，实现的概率就越高　　D. 理想是人生进步的源泉

（2）在采访中，刘洋说：“我觉得自己很幸运，从普通学生到飞行员、再到航天员，想想自己成长的每一步，无意中都和国家的发展、时代的脚步紧密联系在了一起。”这说明（　　）。

A. 个人理想不是凭空产生的，是对客观现实的自觉反映

B. 个人理想只要从个人兴趣出发就行

C. 只要符合社会发展的个人理想就一定能实现

D. 个人理想与社会理想之间的关系具有偶然性

2. 情景是非题

刘洋实现了飞天梦，说明中国梦的实现需要一代又一代人不断为之努力奋斗。（　　）

3. 多项选择题

（1）社会理想与个人理想的辩证关系有（　　）。

A. 社会理想决定和制约着个人理想　　B. 个人理想以社会理想为导向

C. 社会理想以个人理想为基础　　D. 个人理想体现着社会理想

（2）刘洋从普通学生到飞行员、再到航天员，一步步实现了自己的理想，带给你的启发有（　　）。

A. 理想的实现需要付出艰辛的努力

B. 理想的实现不是一帆风顺的，需要经历很多考验

C. 实现理想要对自己高标准、严要求

D. 要自觉把个人理想融入社会理想中

4. 实践问答题

在生活中，你从哪些方面感受到了祖国的强大？作为一名普通的人民群众，我们可以为日益强大的祖国做些什么？

【学习评价】

项目	A级	B级	C级	自评	互评	师评
活动参与	积极参与课堂活动，大胆表达自己的意见，大胆提问	能参与课堂活动，按要求完成课堂任务，认真听讲	不积极参与课堂活动，不认真听讲			
发言质量	积极举手发言，表达清晰，逻辑性强，观点明确	能举手发言，基本能表达清楚观点	很少举手发言，没有认真思考，观点表达不清楚			
组内贡献	善于合作，能带领组内同学进行讨论交流，高质量地完成任务	能与人合作，听取别人的意见，完成分内的任务	缺乏合作精神，不积极参与组内活动，不听取别人的意见			
作业质量	认真完成各项作业，质量高，能运用所学哲理分析问题、解决问题	能完成作业，但不能灵活运用所学知识分析问题、解决问题	不完成作业，敷衍马虎			
个人进步	与上节课相比进步明显，专心听讲，积极参与活动，认真完成作业	与上节课相比维持原样，没有进步	与上节课相比各方面表现退步很大			

【引思明理】

理想是灯塔，照亮前行路；
社会理想大，个人理想小。
民族梦想大，个人梦想小；
实现小梦想，成就大梦想。

【学有所获】

本节课我最喜欢的环节是	
本节课我印象最深刻的是	
本节课我学习到的哲理是	
本节课我的疑惑是	

【哲理故事】

不要面包，要名片

1915 年，美国中部发生严重洪灾，许多人流离失所，沦为乞丐，凯里和科林就是其中的两个。

两个年轻的乞丐来到了纽约。一天，他俩在路边乞讨，一辆轿车驶来，停在两人身旁，从车上下来了一位老人。凯里听到路人惊呼："这不是洛克菲勒先生吗？"凯里心中一动：他可是美国最有钱的人啊！

科林快步走到洛克菲勒面前，伸出一双脏兮兮的手："先生，我好多天没吃饭了！"洛克菲勒掏出十美元："年轻人，买点面包，够你吃几天的。"科林兴高采烈地接过了钱。

凯里犹豫了片刻，也走了过去。洛克菲勒又掏出一张十美元的钞票递给凯里，没想到凯里推开了："我知道您是洛克菲勒先生，我不要您的钱，您能给我一张名片吗？"洛克菲勒有些意外，但很快说："你是个与众不同的年轻人。"说完，他拿出自己的名片递给凯里。

三个月后，凯里用攒下的钱买了一套西装，打扮一新后，去了石油公司求职。

面对人事经理，他递过洛克菲勒的名片："三个月前，我见过洛克菲勒先生，他说我与众不同，还给了我这张名片。我最大的梦想，就是成为贵公司的一员。"经理瞪大了眼睛："我们老板很少这么夸人，还给你名片，那他一定很器重你。你明天就来上班吧！"

一张名片改变了凯里的命运，他成了石油公司的一员。

三年后，脑瓜灵活的他成了销售经理，而科林仍是一个乞丐。

面对贫穷，面包解决了眼前的饥饿问题，而名片却让人再也不会挨饿，过上了体面的生活。在逆境中，不鼠目寸光，而是放眼未来，不贪图眼前利益，而是高瞻远瞩，才是智者的做法。思维方式不同，做事的结果差别很大。

阅读感悟：

【走进心灵】

丰富多彩的人生充满酸甜苦辣，喜怒哀乐。老师愿意分享你的快乐，驱散你的忧愁。

我想对老师说：
老师对我说：

二、正确处理理想与现实的关系

【活动体验 1】绘制理想树

请写出你幼儿园、小学、初中、中职、未来五年、未来十年的理想，用理想树的方式展现出来。

【活动体验 2】采访他人的理想

请采访 5 位亲戚、朋友或老师，问问他们的理想是什么？实现没有？如何实现的？如果没有实现，原因是什么？

采访对象	理想	是否实现	如何实现的 / 没实现的原因

【学以致用】

李桂林、陆建芬夫妇是四川省凉山州甘洛县乌史大桥乡二坪的民办教师。二坪是凉山北部峡谷绝壁上的彝寨，村民上下绝壁要攀爬 5 架木质的云梯，进出极为艰难，村民一年都难得下绝壁一次。就是如此艰险的环境，从外县调来的李桂林、陆建芬夫妇扎根这里 18 年，把知识的种子播种在彝寨，为村民走出彝寨架起了“云梯”。他们培养了 6 届学生，共 149 人，其中有 22 人是从外村慕名而来的。因为教学任务重，他们没有时间照看儿子和老人，儿子不小心摔伤了手，由于离卫生院太远，延误了医治时机，留下了后遗症。李桂林、陆建芬夫妇全身心投入山区教育事业的精神感动了当地广大干部、群众。二坪——这个过去的“文盲村”“穷山村”，现在成了“文化村”。从昔日的荒凉到今天的巨变，是与这两位老师付出的心血分不开的。他们为偏远山区的教育事业撑起了一片蓝天。

1. 单项选择题

（1）李桂林、陆建芬夫妇到二坪教书的原因是（　　）。

A. 让贫困的二坪的孩子们接受教育　　B. 到二坪教书可以养家糊口

C. 由民办教师转为公办教师　　D. 他们家就在二坪

（2）通过李桂林、陆建芬夫妇的先进事迹，我们认识到（　　）。

A. 理想只有在艰苦的环境中才能实现

B. 理想等同于幻想

C. 理想越高远，越能实现，不需要考虑现实条件

D. 理想源于现实，高于现实，通过努力可以成为现实

2. 情景是非题

李桂林、陆建芬夫妇把精力投入山区的教育事业，而忽视了对家人和孩子的照顾，这样做不值得。（　　）

3. 多项选择题

（1）悬崖小学的支教夫妻李桂林、陆建芬，在最崎岖的山路上点燃了知识的火把，在最寂寞的悬崖边拉起了孩子们求学的小手。18 年的清贫、坚守和操劳沉淀为精神的沃土，让希望发芽。李桂林、陆建芬的事迹启示我们（　　）。

A. 艰苦奋斗是将理想转化为现实的重要条件

B. 实现理想要有坚韧不拔的意志

C. 只要有理想，就能将其变成现实

D. 要将个人理想融入社会理想之中

（2）李桂林、陆建芬夫妇坚守悬崖小学 18 年，这个事迹带给你的感受有（　　）。

A. 这对夫妇把一生奉献给贫困山区，精神令人感动，值得我们学习

B. 在艰苦的环境中，理想更容易实现

C. 要在奋斗中将理想转化为现实

D. 社会理想的实现需要每个人的努力

4. 实践问答题

很多人认为中职生毕业后只能从事一些简单、低薪的工作，没有什么大出息，你觉得该如何看待这样的现实环境？应采取什么行动改变这种状态？

【学习评价】

项目	A级	B级	C级	自评	互评	师评
活动参与	积极参与课堂活动，大胆表达自己的意见，大胆提问	能参与课堂活动，按要求完成课堂任务，认真听讲	不积极参与课堂活动，不认真听讲			
发言质量	积极举手发言，表达清晰，逻辑性强，观点明确	能举手发言，基本能表达清楚观点	很少举手发言，没有认真思考，观点表达不清楚			
组内贡献	善于合作，能带领组内同学进行讨论交流，高质量地完成任务	能与人合作，听取别人的意见，完成分内的任务	缺乏合作精神，不积极参与组内活动，不听取别人的意见			
作业质量	认真完成各项作业，质量高，能运用所学哲理分析问题、解决问题	能完成作业，但不能灵活运用所学知识分析问题、解决问题	不完成作业，敷衍马虎			
个人进步	与上节课相比进步明显，专心听讲，积极参与活动，认真完成作业	与上节课相比维持原样，没有进步	与上节课相比各方面表现退步很大			

【引思明理】

要立长志，莫常立志。

脚踏实地，艰苦奋斗。

理想之花，勤奋浇灌。

【哲理故事】

放错了位置的优点

从前，做木匠的师徒俩被人请去做几样家具。开工那天，眼尖的徒弟便从主人准备的一堆木料里挑出一块扔了出去，原因是那块木料上有个大疙瘩。"有了这个疙瘩，把它放哪里都不合适！"徒弟惋惜地说道。对此，师傅并未说什么，只是笑着摇了摇头。

师徒俩的手艺很不错，几个月的工夫，家具便都做好了，典雅的衣柜、精致的木床、别致的梳妆台，真是好看。尤其是那张木床的床头中间"盛开"了一朵"牡丹花"，为整个房间增色不少。

踏上归途，徒弟忍不住称赞师傅说："那个床头做得真好，木料也选得好，刚好能雕出整朵花！"听了徒弟的话，师傅笑着说："那个漂亮的床头呀，就是用你扔掉的那块木料做成的！"看徒弟一脸疑惑，师傅解释说："你看它有个大疙瘩，觉得放在哪里都不合适，可那个大疙瘩刚好能雕出一整朵牡丹花，做成床头分外别致，别的木料却达不到这样的效果！"

听了师傅的解释，徒弟不仅佩服师傅高超的手艺，而且钦佩师傅睿智的头脑。

我们为人处世又何尝不是如此？有人说，缺点是放错了位置的优点，面对缺点和劣势，低头放弃只会注定失败；可若动动脑筋，换一个思考角度，缺点完全有可能转变为优点。

阅读感悟：

【走进心灵】

丰富多彩的人生充满酸甜苦辣，喜怒哀乐。老师愿意分享你的快乐，驱散你的忧愁。

我想对老师说：

老师对我说：

第十二课　理想信念与意志责任

一、实现理想要有坚强的意志

【活动体验 1】游戏：谁是赢家

全体同学起立，站在座位旁，双手前平举，双脚踮起，比一比哪位同学坚持的时间长，坚持时间最长的同学老师有奖励。请写下你的感受。

【活动体验 2】请你支招：远离网游金点子

很多人迷恋网络游戏，为此影响工作、学习和生活。如何戒除网络游戏之瘾，请你支招。

【学以致用】

2018 年 6 月 16 日，俄罗斯世界杯小组赛，阿根廷队 VS 冰岛队比赛结束的哨音响起。梅西狠狠地将球踢向空中，以表达他的不甘与愤怒。记分牌上的数字停在了 1∶1。

平局，和冰岛队踢成平局，这可能不是阿根廷队预想的结局。

在赛前，几乎所有人都不觉得这场比赛会多么激烈，大多数人认为阿根廷队必将轻松取胜。冰岛队也比谁都清楚，没有人相信他们会赢，除了他们自己。

于是一开场，在技术精湛的阿根廷队面前，冰岛队有70%的时间根本拿不到球，只能跟随阿根廷队的球员进行极其耗费体力的折返跑。但他们真的贡献了90分钟铜墙铁壁般的防守，不要命地奔跑和冲抢，场上每个持球的阿根廷人面前都有不少于两个冰岛人围追堵截。赛后梅西说："我们找不到漏洞。"

而让这场比赛染上奇迹色彩的，是在比赛第63分钟，梅西被犯规而得到的那颗点球。这本该是全场至关重要的转折点，进了就基本可以拿下比赛了。点球啊，在离球门最近的地方，球员与守门员一对一地对决，从来都是进的多，不进的少。何况这是梅西，梅球王啊。梅西擦了擦汗，呼吸，盯着脚下的球作出了决定，助跑，踢出……然后这个势在必得的点球，被冰岛队的守门员哈尔多松，扑！出！来！了！电视机里，解说似乎不敢相信这一切，语气里都是不可思议。本届世界杯开赛来，第一个点球失败的记录诞生了，竟然是梅西。

所有人都在好奇，这位一战封神的冰岛队守门员哈尔多松到底是何方神圣。

他在冰岛是一位导演，也兼职担当足球队守门员，这是第一次参加世界杯。他供职在冰岛一家音乐公司，最近因为要参加世界杯，特地跟公司请了假，公司还答应为他保留职位。他不是什么世界名将，在开赛之前除了冰岛球迷，甚至没多少人知道他的名字。就是这样一个兼职踢球的导演，扑出了世界巨星梅西的点球。

最令人咂舌的是，他不是冰岛队中唯一的兼职人员。比如冰岛队的主教练，在当地从事牙医工作，值得一提的是，他们镇上只有两名牙医，因此他平时真的很忙。队里的一名后卫，除了踢联赛，也是一名工人，在当地的盐场负责打包货物。队里的另一名后卫，除了踢联赛，还是一名学生，在攻读美国某大学的MBA，为了参加足球队训练，他回到冰岛，选择函授的方式完成学分。队长贡纳松，之前是一名手球运动员，后期改踢足球，在预选赛阶段，他曾依靠将球扔到禁区扳平英格兰队。队内还有一位前锋，在参加职业联赛前差点成为职业电竞玩家。有的人踢着职业联赛，有的人兼职其他工作，就是这样一支球队，杀进了世界杯。

冰岛似乎并没有适合长期室外运动的气候。每天伴随冰岛人的，是恶劣的气候和漫漫长夜，室外运动极其困难，每年适合踢球的时间只有5个月。但是这阻挡不了冰岛人爱踢球的热情，室外不行就在室内，球员大部分时间是在室内场馆训练的。

那个扑出梅西点球的34岁门将哈尔多松曾经左手大伤，差点被截肢，在冰岛的半职业联赛里坐过5年冷板凳，兼职干着导演，但他没有放弃。

他如今作为首发门将站在世界杯赛场上，并不是靠运气。扑出那个点球后，他说："我研究过梅西，我做过很多关于他的功课，他所有的罚球习惯，所有的套路。今天，他遵循了他的老套路。"

冰岛队的队长说:"我选择无视那些(艰难的)情况。我希望自己可以成为改变现状的人。自从我们有了室内足球场,我几乎把家搬到了那里,每晚都是工作人员赶我出来。"

一个约有33万人的国家,一支并不太被看好的球队,用一次次顽强拼抢赢得了全世界的惊叹与尊重。

"没有人相信我们会赢。"冰岛队的队员说。在小人物的故事里,总是充满着不被信任、被看轻的阴霾,他们没有拿到主角的剧本,没有开挂的光环、傲人的天赋,没有拯救,也没有突如其来的好运。小人物逆转翻盘,都是夜以继日的孤独磨炼,咬着牙的挥汗如雨,忍着泪的低头前进。

1. 单项选择题

(1)冰岛队奇迹般地与阿根廷队踢成平局,靠的是(　　)。

A. 突如其来的好运　　B. 傲人的天赋

C. 顽强的意志　　D. 对足球的热爱

(2)下列关于意志的说法错误的是(　　)。

A. 意志是人的意识能动性的集中体现　　B. 只要有坚强的意志,就一定能成功

C. 凡是有成就的人,都有坚强的意志　　D. 实现理想离不开坚强的意志

2. 情景是非题

冰岛队没有宜人的室外训练环境,没有身价不菲的明星球员,靠着顽强拼搏战平阿根廷队,说明事物发展内因起着决定作用。(　　)

3. 多项选择题

(1)理想、信念与意志的关系有(　　)。

A. 理想是信念的延伸,信念是理想的基础和支撑

B. 理想是信念的前提和基础,信念是理想实现的重要保障

C. 坚强的意志是实现理想必需的主观条件

D. 坚强的意志和坚定的信念是实现理想的重要保证

(2)案例中提到"小人物逆转翻盘,都是夜以继日的孤独磨炼,咬着牙的挥汗如雨,忍着泪的低头前进。"这说明(　　)。

A. 坚强的意志、坚定的信念对人的成长有重要作用

B. 坚强的意志、坚定的信念不是与生俱来的,是自觉磨砺形成的

C. 坚强的意志是在克服困难中磨砺的

D. 在实现理想的道路上,要持之以恒、坚持不懈

4. 实践问答题

磨炼意志要从小事做起,请选择一种磨炼意志的方式,例如每天跑步半小时、每天阅读2小时等,坚持在下表中每天打卡,并请同桌监督。

项目				
时间	同桌签名	时间	同桌签名	感受
第一天		第十六天		
第二天		第十七天		
第三天		第十八天		
第四天		第十九天		
第五天		第二十天		
第六天		第二十一天		
第七天		第二十二天		
第八天		第二十三天		
第九天		第二十四天		
第十天		第二十五天		
第十一天		第二十六天		
第十二天		第二十七天		
第十三天		第二十八天		
第十四天		第二十九天		
第十五天		第三十天		

【学习评价】

项目	A 级	B 级	C 级	自评	互评	师评
活动参与	积极参与课堂活动，大胆表达自己的意见，大胆提问	能参与课堂活动，按要求完成课堂任务，认真听讲	不积极参与课堂活动，不认真听讲			
发言质量	积极举手发言，表达清晰，逻辑性强，观点明确	能举手发言，基本能表达清楚观点	很少举手发言，没有认真思考，观点表达不清楚			
组内贡献	善于合作，能带领组内同学进行讨论交流，高质量地完成任务	能与人合作，听取别人的意见，完成分内的任务	缺乏合作精神，不积极参与组内活动，不听取别人的意见			
作业质量	认真完成各项作业，质量高，能运用所学哲理分析问题、解决问题	能完成作业，但不能灵活运用所学知识分析问题、解决问题	不完成作业，敷衍马虎			
个人进步	与上节课相比进步明显，专心听讲，积极参与活动，认真完成作业	与上节课相比维持原样，没有进步	与上节课相比各方面表现退步很大			

【引思明理】

树理想，有抱负。
坚信念，磨意志。
大前途，小事始。
贵坚持，必有为。

【学有所获】

本节课我最喜欢的环节是	
本节课我印象最深刻的是	
本节课我学习到的哲理是	
本节课我的疑惑是	

【哲理故事】

每个人的生命里都有一只碗

有一个年轻人去买碗，来到店里他顺手拿起一只碗，依次与其他碗轻轻碰击，碗与碗相碰立即发出沉闷、混浊的声响，他失望地摇摇头。

然后又试下一只碗……他几乎挑遍了店里所有的碗，竟然没有一只满意的，就连老板捧出的自认为是店里的碗中精品也被他摇着头失望地放回去了。

老板很纳闷，问他老是拿手中的碗去碰别的碗是什么意思？

他得意地告诉老板，这是一位长者告诉他的挑碗的诀窍，一只碗与另一只碗轻轻碰撞时发出清脆、悦耳的声响，一定是只好碗。

老板恍然大悟，拿起一只碗递给他，笑着说："小伙子，你拿这只碗去试试，保管你能挑中自己心仪的碗。"

他半信半疑地依言行事。

奇怪！他手里拿着的那只碗和每一只碗轻轻碰撞都发出清脆的声响，他不明白这是怎么回事,惊问其详。

老板笑着说:“道理很简单,你刚才拿来试碗的那只碗本身是一只次品,你用它试碗声音必然混浊。你想得到一只好碗,首先要保证自己拿的那只也是好碗……”

就像一只碗与另一只碗碰撞一样,一颗心与另一颗心碰撞,需要付出真诚,才能发出清脆、悦耳的响声。

自己带着猜忌、怀疑甚至戒备之心与人相处,就难免得到别人的猜忌与怀疑。

其实每个人都可能成为自己生命中的“贵人”,前提条件是你应该与人为善。

你付出了真诚,就会得到相应的信任,你献出爱心,就会得到尊重。

反之,你对别人虚伪、猜忌甚至嫉恨,别人给你的也只能是一堵厚厚的墙和一颗冷漠的心。

每个人的生命里都有一只碗,碗里盛着善良、信任、宽容、真诚,也盛着虚伪、狭隘、猜忌、自私……请剔除碗里的杂质,然后微笑着迎接另一只碗的碰撞,发出你们清脆、爽朗的笑声吧!

做最好的自己,才能碰见最好的别人。

阅读感悟:

【走进心灵】

丰富多彩的人生充满酸甜苦辣,喜怒哀乐。老师愿意分享你的快乐,驱散你的忧愁。

我想对老师说:
老师对我说:

二、实现理想要敢于担当

【活动体验 1】游戏：对不起，我错了

（1）全班同学起立，离开座位。

（2）教师喊一时，所有同学向右转；喊二时，向左转；喊三时，向后转；喊四时，向前跨一步；喊五时，不动。

（3）做错的人走出队列，站到大家面前鞠一躬，举起右手高声说："对不起，我错了。"

（4）写一写你的活动感受。

在这个活动中，你做错过吗？

当做错的时候说"对不起，我错了"，你的感受是：

这个活动让我明白了：

【活动体验 2】我的角色，我的责任

在我们的成长过程中，每个人都有很多角色，每一个角色都承担着相应的责任。人要有担当，才能做好事情。无论是什么样的角色，都要勇敢地担负起责任，这样才能为自己搭建成长的阶梯，实现人生理想。下面来想一想不同角色我们要承担的不同责任吧。

角色	责任
儿子 / 女儿	
学生	
职员	
父母	
公民	

【学以致用】

小罗是一名电子商务专业的中职生。小罗小时候跟着爷爷奶奶长大，记忆中，他摔倒了，大人就打地板，说地板不好，把大宝贝给摔疼了；他从椅子上掉下来，大人就说椅子不好。总之就是别人不对，小罗永远是对的，就这样在指责别人的声音中，他读完了初中。

进入中职后，小罗改变了许多。军训时有规律的作息，服从命令、听指挥的要求让小罗学会了坚持；班主任一次次耐心细致的谈话、监督检查让小罗认识到了自己的不足；科任老师不断鞭策、激励让小罗找到了自信；师兄、师姐传帮带让小罗学会了如何与他人打交道。良好的校园氛围让小罗逐渐改变了以前的观念，成长为一名优秀的中职生。

毕业实习时，小罗找到了一份电商客服的工作。小罗不怕起点低，下决心要好好干，成为一名优秀的电商人才。但是现实是残酷的，实习第一个月，小罗就下错了两份订单，公司立刻展开了核查。小罗内心很犹豫，要不要主动承认是自己的过错。慎重思考后，小罗找到主管，承认了自己的错误，并在主管的帮助下及时与客户沟通，得到了客户的谅解。主管欣赏小罗主动认错的态度，但按照公司规定，小罗还是收到了工作后的第一份罚单。小罗将罚单贴在自己的桌子上，时刻提醒自己工作要更加认真、细致。

功夫不负有心人，小罗进步很快，几个月后就能独立开展工作了，并且工作能力得到了团队同事的一致认可。在工作之余，小罗继续学习更多的电子商务专业知识，充实自己，提升自己。在公司搞的多次促销活动中，小罗给出了自己非常有创意的想法，并且凭着良好的沟通能力为公司赢得了不错的业绩。小罗的优秀表现公司领导看在眼里，实习期未满他就破格转正，成了公司的正式员工。

小罗回想起这段实习经历，感触颇深。他在实习日记中写到：理想很丰满，现实很骨感，在现实面前，我们只有坚持不懈，敢于承担责任，才能实现美好理想！

1. 单项选择题

(1)理想转变为现实，要具备三个主观条件：(　　)。

①坚定的信念　②坚强的意志　③自觉的责任　④良好的环境

A. ①②④　　B. ①③④　　C. ②③④　　D. ①②③

(2)下列关于责任的说法错误的是(　　)。

A. 责任是一个人分内应做的事情

B. 责任就是没有做好自己分内的工作，应该承担相应的后果

C. 责任意识不需要学习培养，工作后自然就有了

D. 有社会就有责任

2. 情景是非题

案例中小罗主动认错的行为值得学习，他为自己的理想一步步奋斗，用实际行动证明了普通的中职生人生也能出彩。(　　)

3. 多项选择题

(1)理想与责任的辩证关系有(　　)。

A. 理想是对未来美好生活的追求，没有理想，责任无从谈起

B. 敢于承担责任是实现理想的必要条件

C. 理想给我们方向，责任给我们动力

D. 有理想就会有责任

(2)案例中小罗的成长经历给我们的启发有(　　)。

A. 在工作中我们要有良好的职业道德

B. 中职生只要努力，一样能出彩

C. 要保持不断学习的意识，才能在职场上有更广阔的发展空间

D. 主动认错不丢脸，是对自己、对工作负责任

4. 实践问答题

做一名负责任的中职生。

角色	责任
1.	
2.	
3.	
4.	
5.	

【学习评价】

项目	A级	B级	C级	自评	互评	师评
活动参与	积极参与课堂活动，大胆表达自己的意见，大胆提问	能参与课堂活动，按要求完成课堂任务，认真听讲	不积极参与课堂活动，不认真听讲			
发言质量	积极举手发言，表达清晰，逻辑性强，观点明确	能举手发言，基本能表达清楚观点	很少举手发言，没有认真思考，观点表达不清楚			
组内贡献	善于合作，能带领组内同学进行讨论交流，高质量地完成任务	能与人合作，听取别人的意见，完成分内的任务	缺乏合作精神，不积极参与组内活动，不听取别人的意见			

续表

项目	A级	B级	C级	自评	互评	师评
作业质量	认真完成各项作业，质量高，能运用所学哲理分析问题、解决问题	能完成作业，但不能灵活运用所学知识分析问题、解决问题	不完成作业，敷衍马虎			
个人进步	与上节课相比进步明显，专心听讲，积极参与活动，认真完成作业	与上节课相比维持原样，没有进步	与上节课相比各方面表现退步很大			

【引思明理】

有理想，明责任。
敢担当，有作为。
惜当下，事竟成。

【学有所获】

本节课我最喜欢的环节是	
本节课我印象最深刻的是	
本节课我学习到的哲理是	
本节课我的疑惑是	

【哲理故事】

迟到是你自己的事

那年她从大学毕业，被分配到一个离家较远的公司上班。每天清晨7时，公司的专车会准时等候在一个地方接送她和她的同事们。

一个骤然寒冷的清晨，她关闭了闹钟尖锐的铃声后，又稍微懒了一会儿暖被窝——像在学校的时候一样。她最大限度地拖延时间，用来怀念以往不必为生活奔波的寒假。这个清晨,她比平时迟了5分钟起床。可就是这区区5分钟却让她付出了代价。

那天她匆忙奔到专车等候的地点时,已是7点5分,班车开走了。站在空荡荡的马路边,她茫然若失,一种无助和受挫的感觉第一次向她袭来。

就在她懊悔、沮丧的时候,突然看到公司的那辆蓝色轿车停在不远处的一幢大楼前。曾有同事指给她看过那是上司的车,她想真是天无绝人之路。她向那车走去,在稍稍犹豫后打开车门悄悄地坐了进去,并为自己的聪明而得意。

为上司开车的是一位慈祥、温和的老司机。他从反光镜里看了她好久,然后他转过头来对她说:"你不应该坐这车。"

"可是我的运气真好。"她如释重负地说。

这时,她的上司拿着公文包飞快地走来。待他在前面习惯的位置上坐定后,她才告诉他说班车开走了,想搭他的车子。她以为这一切合情合理,因此说话的语气充满了轻松、随意。

上司愣了一下。但很快明白了一切后,他坚决地说:"不行,你没有资格坐这车。"然后用无可辩驳的语气命令:"请你下去!"

她一下子愣住了——不但因为从小到大还没有谁对她这样严厉过,而且因为在这之前她没有想过坐这车是需要身份的。就凭这两条,以她的个性是定会重重地关上车门以显示她对小车的不屑一顾,而后拂袖而去的。可是那一刻,她想起了迟到在公司的制度里意味着什么,而且她那时非常看中这份工作。于是,一向聪明伶俐但缺乏生活经验的她变得从来没有过的软弱。她近乎用乞求的语气对上司说:"我会迟到的。"

"迟到是你自己的事。"上司冷淡的语气没有一丝一毫回旋的余地。

她把求助的目光投向司机,可是老司机看着前方一言不发。委屈的泪水在她的眼眶里打转,然后她在绝望之余为他们的不近人情而固执地陷入了沉默的对抗。

他们在车上僵持了一会儿。最后,让她没有想到的是,上司打开车门走了出去。

坐在车后座的她目瞪口呆地看着有些年迈的上司拿着公文包向前走去。他在凛冽的寒风中拦下了一辆出租车,飞驰而去。泪水终于顺着她的脸腮流淌下来。

老司机轻轻地叹了一口气:"他就是这样一个严格的人。时间长了,你就会了解他了。他其实也是为你好。"

老司机给她说了自己的故事。他说他也迟到过,那还是在公司创业阶段。"那天他1分钟也没有等我,也不听我的解释。从那以后,我再也没有迟到过。"他说。

她默默地记下了老司机的话,悄悄地拭去泪水,下了车。那天她走出出租车踏进公司大门的时候,上班的钟声正好敲响。她悄悄而有力地将自己的双手紧握在一起,心里第一次为自己充满了无法言语的感动,还有骄傲。

从这一天开始,她长大了许多。

责任是什么?不同的人有不同的看法。一般来说,一方面指分内应该做的事,另一方面指没有做好自己的工作而应该承担的不利后果或强制性义务。很多时候,我们把自己认为的"理所应当"强加给别人,就是一种不负责任的行为。对自己负责,要从点滴小事做起。

阅读感悟：

【走进心灵】

丰富多彩的人生充满酸甜苦辣，喜怒哀乐。老师愿意分享你的快乐，驱散你的忧愁。

我想对老师说：
老师对我说：

第五单元　在社会中发展自我　创造人生价值

第十三课　人的本质与利己利他

一、正确处理利己与利他的关系

【活动体验 1】我的名字的故事

我的名字： 父母给我取名的由来： 我对我自己的名字的解读：

【活动体验 2】游戏：人椅

（1）将学生分成 6~8 人的小组；
（2）以小组为单位围成一圈，每位学生将双手放在前面同学的双肩上；
（3）听从教师的指令，缓缓地坐到身后同学的大腿上；
（4）坐下后教师再给指令，让学生喊出口号："齐心协力，勇往直前"；
（5）小组竞赛，看看哪个小组坚持的时间最长；
（6）活动结束后在下框内写下感受。

我在活动时的想法是：

取得胜利的关键因素是：

这个活动告诉我的道理是：

【学以致用】

2017 年 8 月 23 日，台风“天鸽”凶猛袭击珠海，这是珠海自 1964 年以来遭遇的最大台风。被台风袭击后的珠海大街小巷满目疮痍，损失惨重。面对受损的家园，一场城市“守护战”立即全面打响：从党委政府到普通市民；从彻夜灯火通明的三防指挥部到争分夺秒转移群众的镇街一线；从党员干部、部队官兵到社区居民、青年志愿者……珠海人同心协力、守望相助，第一时间投入救灾复产中，争分夺秒、连续奋战，只为共同的美好家园。

贝思喆，珠海市第一中等职业学校的学生，也积极投入这场修复家园的志愿活动中。在志愿者队伍里，他年龄最小，但敢于吃苦、敢于奉献的精神打动了每一个人。灾后，他受到珠海美德义工的表彰，并被邀请代表 300 多名志愿者登台演讲，下文就是他的演讲稿。

敬爱的叔叔阿姨、哥哥、姐姐们：

大家下午好！我叫贝思喆，是珠海市第一中等职业学校的学生，是学校青年志愿者协会的助理，也是美德义工的一员。很荣幸有机会代表美德义工的 300 多名志愿者上台演讲，跟大家分享我的志愿者经历和感悟。

2017 年 8 月 23 日，台风“天鸽”打破了珠海往日的宁静与安详，一天之间，大街小巷满目疮痍，令人心痛。但珠海的志愿者团队没有沉浸在悲伤中，而是积极行动起来，组织人力物力抗灾抢险，志愿者们用行动温暖着受伤的珠海。

在清理过程中，我们志愿者不怕苦、不怕累，面对倒下的大树，无人逃避与退缩，虽然只有砍刀与手锯，但是我们没有放弃与退缩，而是克服困难，奋力清理路障。第一天，我们率先疏通了吉柠路以及香溪路。在后面几天的工作中，我们对桃园路、沿河路等重要的道路进行了疏通，使得车辆可以安全通行。在这里也非常感谢社会上的爱心人士，他们虽然没有参与我们的志愿活动，但为我们提供了水、面包、盒饭等物资，正所谓齐心协力、共建家园，我们备感温暖和感动。

在美德义工的团队里，我的年龄最小，还是一个学生，但我想重建家园的心情、决心和大人们是一样的。我年龄小，可以从点滴小事做起，虽然不能像大人们那样拿着电锯去锯树，但我可以在旁边帮忙把树枝拖走运上车，可以在后勤处帮忙打理事务，也可以为大人们递水、送水等。人虽小，但发挥的力量不是 1+1=2 那么简单。

在这十天的义工活动中，我每天都按时到位，服从指挥，积极参与志愿活动。经过这次抗灾抢险的志愿活动，我对志愿者有了更深刻的认识和感受。我认为做志愿者最重要的是成为有心人、热心人，也许我们做不出惊天动地的事情，但可以从身边的小事做起，从力所能及的事情做起，用这种方式来培养自己的爱心。做志愿者让我有一种“被需要是一种幸福”的感受。

在美德义工这个组织中，我参加了很多志愿活动，渐渐地把志愿服务当作自己的生活内容和生活方式，时时刻刻想着去帮助需要帮助的人或事，做奉献爱心的事。作为一名志愿者，我们应该更加努力地服务社会，为社会作出贡献。“用博爱的心来做事，用感恩的心来做人”，我认为这句话是所有志愿者应该记住的一句话。

最后，以学生身份，我还想呼吁广大青年学生，让我们这些新时代的青少年担负一些微弱的社会责任，奉献一点微弱的力量，以彰显我们青少年的时代风貌和精神品格。让我们为志愿者这一事业一起奋斗吧！

1. 单项选择题

（1）志愿者是城市的一股暖流，下列关于志愿服务的说法错误的是（　　）。

A. 一个人要想得到发展，就要为他人和社会作贡献、谋福利

B. 志愿服务是无偿的，不值得提倡

C. 个人利益和集体利益不可分割

D. 志愿服务体现了崇高的人生境界

（2）人是什么？（　　）

A. 自然存在物

B. 社会存在物

C. 自然属性与社会属性的统一，社会性是其本质属性

D. 与动物没什么区别

2. 情景是非题

案例中提到“做志愿者让我有一种‘被需要是一种幸福’的感受”，说明人的价值在服务社会中体现，人的精神境界在为社会作出贡献时获得提升。（　　）

3. 多项选择题

（1）个人与社会的辩证关系有（　　）。

A. 个人是社会中的人

B. 个人的生存和发展离不开社会

C. 社会是由个人组成的

D. 任何社会的存在和发展都是个人及集体努力的结果

(2)在现实生活中,如何处理利己与利他的关系?(　　)

A. 要获得人与社会的全面发展,就要坚持利己与利他的统一

B. 要在关爱他人、服务社会的过程中实现自我

C. 当利己与利他产生冲突时,以个人利益为重

D. 要维护个人的正当利益

4. 实践问答题

你参加过志愿服务吗?请谈一谈你的感受。如果没有参加过,请找机会参加一次。

【学习评价】

项目	A级	B级	C级	自评	互评	师评
活动参与	积极参与课堂活动,大胆表达自己的意见,大胆提问	能参与课堂活动,按要求完成课堂任务,认真听讲	不积极参与课堂活动,不认真听讲			
发言质量	积极举手发言,表达清晰,逻辑性强,观点明确	能举手发言,基本能表达清楚观点	很少举手发言,没有认真思考,观点表达不清楚			
组内贡献	善于合作,能带领组内同学进行讨论交流,高质量地完成任务	能与人合作,听取别人的意见,完成分内的任务	缺乏合作精神,不积极参与组内活动,不听取别人的意见			
作业质量	认真完成各项作业,质量高,能运用所学哲理分析问题、解决问题	能完成作业,但不能灵活运用所学知识分析问题、解决问题	不完成作业,敷衍马虎			
个人进步	与上节课相比进步明显,专心听讲,积极参与活动,认真完成作业	与上节课相比维持原样,没有进步	与上节课相比各方面表现退步很大			

【引思明理】

人之为人,存于社会;

忌为私利,损害公利;

利人利己,服务社会。

【学有所获】

本节课我最喜欢的环节是	
本节课我印象最深刻的是	
本节课我学习到的哲理是	
本节课我的疑惑是	

【哲理故事】

蜗牛的壮举

一支考古队到胡夫金字塔考察。他们凭借直升机的力量，用吊绳攀上了金字塔顶部。在他们不远处，几只雄鹰受了惊吓，落荒而逃。

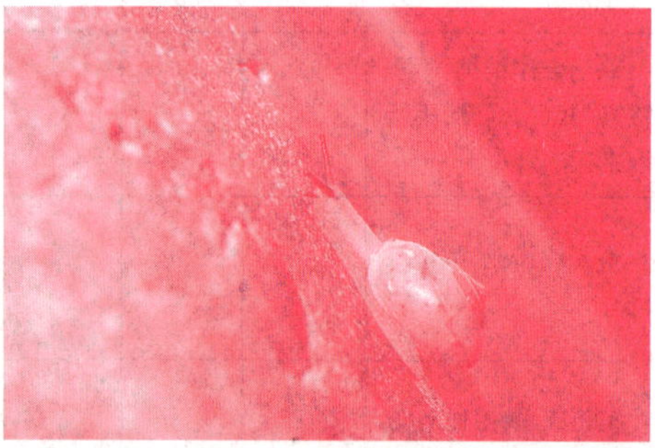

在接下来的考古中，考古队员发现了一个不可思议的现象：在胡夫金字塔顶部，有不少蜗牛的躯壳。这些蜗牛如何从地面来到海拔136.5米，相当于40层楼高的金字塔顶部？有人猜测，或许是雄鹰从地面叼上来的美味佳肴，但在每一个躯壳里，蜗牛的身体都毫发无损。那会不会是黏附在飞机表面，最终坠落下来的？但是按照常理，飞机发动后那股强大的气流足以把蜗牛吹得无影无踪。随着考古工作的进行，他们不断在金字塔中上部发现蜗牛爬过的痕迹，还有许多黏附在塔体上已经干掉的蜗牛。原来这些号称爬行速度最慢的蜗牛，经过无数次坠落，最终竟是自己从塔基一步一步爬上了这个世界上最伟大的石头建筑，也攀上了自己生命的最高峰。

蜗牛向来是爬行缓慢、效率低下的“反面教材”，但正是这种看似懒散、懈怠的小虫子，做到了连人类不依靠外力都无法做到的壮举。

蜗牛之所以能够攀上金字塔，就是源于坚持。即使这样坚持，也只有为数不多的蜗牛能够巧遇阴雨，蕴蓄充足的水分，成功登上塔的顶端。在蜗牛的简单思维中，只有前进，没有后退。

在这个世界上，每个人都期待做一只凌空飞翔的雄鹰。一种叫作生活的东西，往往就是那么残酷。没有雄鹰的天赋，就要有蜗牛般的毅力。只要拼搏奋斗、永不停息，终究可以留下一丝令自己感动的痕迹。

阅读感悟：

【走进心灵】

丰富多彩的人生充满酸甜苦辣，喜怒哀乐。老师愿意分享你的快乐，驱散你的忧愁。

我想对老师说：
老师对我说：

二、正确处理公与私、义与利的关系

【活动体验 1】游戏：众志成城

（1）将学生分成 8~10 人的小组；
（2）教师给每个小组发一张报纸；
（3）请全体组员站在展开的报纸上，脚不可踏出报纸外，否则就被淘汰；
（4）完成任务的小组将报纸对折，继续站在报纸上，依此类推；
（5）比一比在规定时间内哪个小组使用的报纸面积最小；
（6）写一写你的感受。

当报纸被折叠得越来越小的时候，你在团队中的感受是：

你们小组赢了吗？评价一下你们小组的表现：

这个游戏给你的启发是：

【活动体验 2】司空见惯的“麻烦”

在生活中你见到过这样一些现象吗？它们看着让人闹心、烦心、堵心，给人带来不愉快的感觉。来吐槽一下吧！

“麻烦”	影响
午休时间手机声音很大	只顾自己娱乐，影响他人休息

【学以致用】

如果有一份工作需要你每天被摔300~500次，连续16年被摔284万次，你愿意做吗？

有人做了！16岁到32岁，他用生命中最美好的16年，做了那个被摔284万次的人，他叫——刘磊磊。

2001年，16岁的刘磊磊因为柔道成绩优异，身体条件和柔道技术突出，被选入了国家柔道队，但由于当时女队夺冠希望更大，急需高水平的男运动员做陪练。为了国家的需要，刘磊磊这位铁骨铮铮的山东大汉成了中国女子柔道队的男陪练。

第一次进入女柔队的训练场，刘磊磊就傻了。128千克的女队员佟文一个扛摔就把身高1米8、体重近150千克的刘磊磊掀翻在地。面对佟文这个漂亮的动作，刘磊磊忍住疼痛说了一句"摔得不错！加油！再来！"

一堂训练课3小时，刘磊磊被掀翻了几百次。由于后肩跟柔道服反复摩擦，血从柔道服里洇了出来。人生的第一次陪练课下来，刘磊磊找了个没人的地方大哭了一场。那一刻，他不知道是否有人能理解他在做什么。

第二天，又是300~500次摔倒。"摔得不错，加油！摔得好，再来！"

第三天，还是300~500次摔倒。"动作到位，加油！摔我的时候注意保护你自己，再来！"

每天，刘磊磊都要陪不同的女运动员摔上好几百次。有时候运动员的技术动作到位，把他摔得老远。他用各种词汇为运动员指正动作或者加油鼓劲儿，却始终没有喊出那个"疼"字。

刘磊磊总是说这么一句话："无论在什么情况下，绝对不能让你陪的运动员受伤，什么原因都不行！"

2004年备战雅典奥运会训练时，刘磊磊为了保护主力选手刘霞，自己严重受伤——肩周脱臼、腰椎骨头裂缝、小腿骨折、两个膝关节韧带全部撕裂……刘磊磊身上大小伤病无数，而说到自己的伤痛，他最大的骄傲竟然是："16年来，我从未让运动员受过一次伤！"

16年，5800多个日日夜夜，284万次摔倒，这位朴实、害羞的山东大汉陪出了中国几乎所有的女子柔道世界冠军——佟文、孙福明、袁华、杨秀丽、刘霞、李一清、刘欢缘、于颂……

如果说每一块金牌都有他的一半，那么他是获得女子柔道世界冠军最多的男人。

1. 单项选择题

（1）刘磊磊本是一名优秀的柔道队员，最终选择做女队的陪练，体现了他（　　）的价值观。

A. 个人主义　　B. 集体主义　　C. 拜金主义　　D. 小团体主义

（2）人们形象地把国家利益、集体利益、个人利益之间的关系比喻为"大河有水小河满，小河无水大河干"，这表明（　　）。

A. 三个利益是根本一致、完全和谐的

B. 三个利益是相互渗透、同等重要的

C. 三个利益是密切联系、相互影响的

D. 个人利益要永远服从国家利益、集体利益

2. 情景是非题

刘磊磊本来可以自己努力拿冠军，但选择了做陪练，帮助别人拿冠军，因此刘磊磊的人生价值没有得到实现。(　　)

3. 多项选择题

(1)刘磊磊虽然自己没能站在冠军的领奖台上，但每一块金牌都有他的一半，这说明(　　)。

A. 个人利益不能离开集体利益而存在

B. 要把个人利益、集体利益、国家利益统一起来

C. 集体利益与个人利益是一回事

D. 集体利益与个人利益不会产生矛盾

(2)刘磊磊的事迹带给我们的启发有(　　)。

①人不能追求个人利益　②要坚持集体主义原则　③人要在为集体利益服务中体现个人价值　④要坚持义利统一的原则

A. ①②③　　B. ②③④　　C. ①③④　　D. ①②④

4. 实践问答题

有人说当学生干部就是为大家服务的，牺牲了自己的学习时间，不划算。你怎么看待当学生干部？请结合所学知识谈一谈你的观点。

【学习评价】

项目	A级	B级	C级	自评	互评	师评
活动参与	积极参与课堂活动，大胆表达自己的意见，大胆提问	能参与课堂活动，按要求完成课堂任务，认真听讲	不积极参与课堂活动，不认真听讲			
发言质量	积极举手发言，表达清晰，逻辑性强，观点明确	能举手发言，基本能表达清楚观点	很少举手发言，没有认真思考，观点表达不清楚			
组内贡献	善于合作，能带领组内同学进行讨论交流，高质量地完成任务	能与人合作，听取别人的意见，完成分内的任务	缺乏合作精神，不积极参与组内活动，不听取别人的意见			

续表

项目	A级	B级	C级	自评	互评	师评
作业质量	认真完成各项作业，质量高，能运用所学哲理分析问题、解决问题	能完成作业，但不能灵活运用所学知识分析问题、解决问题	不完成作业，敷衍马虎			
个人进步	与上节课相比进步明显，专心听讲，积极参与活动，认真完成作业	与上节课相比维持原样，没有进步	与上节课相比各方面表现退步很大			

【引思明理】

花要叶扶，人要人帮。
赠人玫瑰，手有余香。
人人为我，我为人人。

【学有所获】

本节课我最喜欢的环节是	
本节课我印象最深刻的是	
本节课我学习到的哲理是	
本节课我的疑惑是	

【哲理故事】

重要的不是你站得有多高

19世纪80年代，美国内战刚刚结束，百业待兴，就连国会议员也需要靠竞选而最终决定。在一次竞选国会议员时，一位将军和一位士兵也参加了。将军名叫陶克，士兵名叫约翰·海伦。在战场上，他们同甘共苦，亲如父子。而此刻，他们却成了对手。陶克是一位功勋卓著的将军，而约翰·海伦只是一位普普通通的士兵，几乎所有人都准备把赌注押到陶克身上。

竞选演讲开始了。陶克将军意气风发地走向讲台，他的演讲激情飞扬，他说："诸位同

胞，我相信任何人都忘不了 17 年前那个激战的夜晚！那晚，我率领士兵到山上阻击敌人。那是多么艰苦的战斗呀！但我从没想过退却，因为我知道，为了我们的国家，为了正义和自由，我愿意付出所有，哪怕是生命，我也在所不惜。我三天三夜没合眼，血战之后，敌人撤退，而我竟躺在树林的血泊中睡着了……我是多么不容易啊！”

比起陶克将军的演讲，约翰的演讲朴实得多，他说：“亲爱的同胞们，陶克将军说得很对，他确实在那次战斗中立下了汗马功劳。我当时只不过是他手下的普通一兵，和他一起出生入死是我一生的荣耀。那次他在树林里睡着时，我就站在他的身旁守护他。寒冬时节，我携带着武器在风中瑟瑟发抖，但是我却力求自己不发出声响，将军为了国家累成这样，他容易吗?！那个时刻我想到的不再是报效国家，因为我能做的就是准备着用我的胸膛为他挡住随时会射来的子弹。我是一名士兵，我要保护将军的安全……”

约翰·海伦的演讲刚结束，就赢得了广大民众热烈的掌声。原本决定投票给陶克将军的人，竟然转而把选票放进了约翰的票箱里。约翰·海伦——一个和将军竞争的士兵，以他亲切的话语、忠诚的心灵赢得了最终的胜利。

评价一个人的道德情操高尚与否，不是看他在为自己标榜什么，而是看他为别人付出了什么。人与人之间任何一种与功利挂钩的交往，都会丧失生命本身的纯度和馨香。自己永远无法做自己的镜子，只有通过别人才能映照出自己光辉的影像！

有时候重要的不是你站得有多高，而是谁给你扶的梯子！

阅读感悟：

【走进心灵】

丰富多彩的人生充满酸甜苦辣，喜怒哀乐。老师愿意分享你的快乐，驱散你的忧愁。

我想对老师说：

老师对我说：

第十四课　人生价值与劳动奉献

一、人生价值贵在奉献

【活动体验 1】我的快乐时刻

请在 5 分钟内写下 10 个“我的快乐时刻”。

【活体验 2】限时任务

任务一：请在 5 分钟内写下 10 个典型人物或者工作岗位为社会作出贡献的形式。例如：教师——为国家和社会培育人才；乔布斯——研发苹果手机……

任务二：请给列出的这些社会贡献分类。

【学以致用】

史蒂夫·乔布斯（Steve. Jobs，1955 年 2 月 24 日—2011 年 10 月 5 日），出生于美国加利福尼亚州旧金山，美国发明家、企业家，美国苹果公司联合创办人。乔布斯被认为是计算机业界与娱乐业界的标志性人物，他经历了苹果公司几十年的起落与兴衰，先后推出了麦金塔计算机（Macintosh）、iMac、iPod、iPhone、iPad 等风靡全球的电子产品，深刻地改变了现代通信、娱乐、生活方式。乔布斯也是前 Pixar 动画公司的董事长及行政总裁。

乔布斯留下了什么？

最早的图形化操作系统；

设计精美的苹果电脑；

音乐播放器 iPod；

智能手机 iPhone；

应用程序商店；

平板电脑 iPad；

“为用户创造需求”的设计理念；

“设计产品如做人”的理念；

设计产品时“简单与专注”的理念；

“说不”的勇气；

对“工作的意义”的理解；

“人比资金更重要”的研发理念；

对“坚持到底”的理解；

“永远记住你将会死去”的名言；

“遵从你的内心和直觉”的人生感悟。

乔布斯获得的个人财富：

苹果公司的年薪，象征性的 1 美元；

550 万股苹果股票，价值为 20 亿美元左右；

迪士尼 7.4% 的股权，价值约为 45 亿美元。

1. 单项选择题

（1）乔布斯为社会作出的贡献为（　　）。

A. 产品贡献　　B. 思想贡献

C. 物质贡献和精神贡献　　D. 科学精神

（2）从案例中可以看出，乔布斯推出了风靡全球的电子产品，深刻地改变了现代通信、娱乐、生活方式，是一个时代的标志性人物，这说明（　　）。

A. 社会贡献是衡量人生价值大小的尺度

B. 个人财富越多,人生价值越大

C. 在平凡工作岗位上的人没有社会价值

D. 自我价值是人的根本价值

2. 情景是非题

乔布斯带领苹果公司创造了风靡全球的电子产品,他个人也拥有550万股苹果股票,这说明个人拥有的财富越多,社会价值越大。(　　)

3. 多项选择题

(1)人的社会价值和自我价值的辩证关系有(　　)。

A. 二者相互联系,密不可分

B. 社会价值是人的根本价值,是自我价值实现的基础

C. 没有社会价值,人的自我价值就无法存在

D. 社会价值与自我价值是相背离的

(2)爱因斯坦说:“我评价一个人的真正价值只有一个标准,即看他在多大程度上摆脱了自我。”这表明(　　)。

A. 人生的真正意义在于放弃个人的爱好和追求

B. 个人对社会的贡献是人生价值的基本标志

C. 个人是通过对社会的奉献来体现自己的人生意义的

D. 为社会作贡献,就不能追求个人利益

4. 实践问答题

有一个谜语是这样的:一直无业,二老啃光,三餐饱食,四肢无力,五官端正,六亲不认,七分任性,八方逍遥,九(久)坐不动,十分无用,谜底是“啃老族”。“啃老族”并非找不到工作,而是主动放弃了就业的机会,赋闲在家,不仅衣食住行全靠父母,而且花销往往不菲。“啃老族”是一群有谋生能力,却仍未“断奶”,靠父母供养的年轻人。请结合本节课所学的哲学知识评论这一社会现象,同时联系实际谈一谈中职生如何实现人生价值。

【学习评价】

项目	A级	B级	C级	自评	互评	师评
活动参与	积极参与课堂活动,大胆表达自己的意见,大胆提问	能参与课堂活动,按要求完成课堂任务,认真听讲	不积极参与课堂活动,不认真听讲			

续表

项目	A级	B级	C级	自评	互评	师评
发言质量	积极举手发言，表达清晰，逻辑性强，观点明确	能举手发言，基本能表达清楚观点	很少举手发言，没有认真思考，观点表达不清楚			
组内贡献	善于合作，能带领组内同学进行讨论交流，高质量地完成任务	能与人合作，听取别人的意见，完成分内的任务	缺乏合作精神，不积极参与组内活动，不听取别人的意见			
作业质量	认真完成各项作业，质量高，能运用所学哲理分析问题、解决问题	能完成作业，但不能灵活运用所学知识分析问题、解决问题	不完成作业，敷衍马虎			
个人进步	与上节课相比进步明显，专心听讲，积极参与活动，认真完成作业	与上节课相比维持原样，没有进步	与上节课相比各方面表现退步很大			

【引思明理】

人生价值有大小，
社会贡献是尺度。
学习雷锋好榜样，
爱岗敬业有气度。

【学有所获】

本节课我最喜欢的环节是	
本节课我印象最深刻的是	
本节课我学习到的哲理是	
本节课我的疑惑是	

【哲理故事】

谁把你拉向了平庸

一个长跑运动员参加一个5人组的比赛，赛前教练对他说，据我了解，其他4个人的实力并不如你，结果这个运动员轻松地跑了第一名。后来，教练又让他参加一个10人组的比赛，教练把其他人平时的成绩拿给他看，他发现别人的成绩并不如自己，又轻松地跑了第一名。再后来，这个运动员又参加了20人组的比赛，教练说，你只要战胜其中一个人，你就会胜利。结果比赛中他紧跟着教练说的那个运动员，并在最后冲刺时超过那个运动员得了第一名。

后来，这个运动员换了一个地方。赛前，关于其他运动员的情况，教练没有和他沟通过。在5人小组赛中，他勉强拿了第一名；在10人组的比赛中，他滑到了第二名；在20人组的比赛中，他仅仅拿了第五名。而实际情况是这次各个组的其他参赛运动员的水平与之前完全相同。

这不由得让我想起了自己上学时的故事。在小学的时候，我是班里的佼佼者，觉得第一名非自己莫属。升到初中之后，人多了，觉得自己能考前10名就不错了，于是一旦考了前10名就沾沾自喜。高中之后，定的目标更低，即使考试稍有出入，也会安慰自己：高手这么多，已经不错了。就这样，我一步步从优秀走向了平庸。

是的，在生活中不会永远有人告诉我们竞争对手的实力和能力。于是面对周围越来越多的人，我们开始茫然不知所措，或妄自菲薄，主动把自己“安排”到一个较低的位置上。这也许是前进的途中许多人都要走的一条路。我们原本是优秀的，只不过我们缺乏自信的内心，一步步把我们从优秀的高地上拉了下来，一直拉到平庸的位置上。

平庸是人生的一场灾难，也是人生的一场悲剧。只是更多时候，是我们自己为自己导演了这场灾难和悲剧。

阅读感悟：

【走进心灵】

丰富多彩的人生充满酸甜苦辣，喜怒哀乐。老师愿意分享你的快乐，驱散你的忧愁。

我想对老师说：
老师对我说：

二、在劳动奉献中实现人生价值

【活动体验1】采访：工作的意义

采访5位不同职业的人，请他们谈一谈工作的意义，并记录在下表中。

采访时间	人物	职业	工作的意义

【活动体验2】"爱劳动，惜成果"倡议书

假如你是班长，向全班同学发起积极参加班级劳动、珍惜他人劳动成果的倡议，你会如何写倡议书？要求简洁明了，有说服力和感染力。

"爱劳动，惜成果"倡议书

【学以致用】

7月是毕业季，也是中职生的实习季。近日，《信息时报》刊登了一篇名为《中职生患"实习恐惧症"咋办？》的报道，内容如下。

"实习真是稳笨（骗人）的！我实习一周就不干了，还是上学好！"某职业学校的小李大发牢骚。该帖一出，即引来50个跟帖，令人意外的是，55%的学生都表示对实习"害怕、讨厌"。7月，不少中

职三年级学生开始实习，这“例行公事”竟成了不少学生的心理关口。

一怕恐不胜任，实习也要老师求。

某中职三年级的学生小明上学都嫌太辛苦，更加不想去实习，直到老师打电话来家里催，才愿意到新大新公司做三个月实习服务员，但仅干了三周就放弃了。小明坦言：“我通过亲戚找单位盖个章不就交差了，为什么不好好享受一下呢？”被问及是否考虑过通过实习为将来就业作准备，小明一片茫然。

二怕工作太苦，部分学生“中途离场”。

“现在替学生安排实习不难，难的是让学生老老实实地干完整个实习期！”某职校的李老师表示。在某大型商贸公司做实习服务员的小廖透露，短短一个月，班上就有十多个同学退出了实习，“多数同学都认为实习每周上六天班受不了，比上课还辛苦。”

三怕笨手笨脚，娇生惯养。

在某职校读电脑专业三年级的阿聪告诉记者，他到肯德基担任实习服务员，连调制咖啡都做不好，因此遭到了领导批评。“我在家里很少做家务，现在每天要干这些事 7 小时，真是焦头烂额。”阿聪说。90 后习惯衣来伸手饭来张口，而中职生实习又恰是注重动手技能的，这就产生了矛盾。

过来人语：“痛苦”的实习让我更加码进修。

某职校会计专业的毕业生阿茜表示，她曾在会计师事务所实习一个月，一开始很多实际操作都不懂，又不好意思问陌生的前辈。但后来想，这样一直不懂，难道胡乱做吗？她才鼓起勇气，几乎向所有工作人员都请教了一轮，很快就上手了。毕业后，她顺利地就了业。中职生在实习时一定要主动去请教，不要以交差的心态应付，实习也许能成为将来就业的重要砝码呢。

1. 单项选择题

(1)中职生实习意味着走上真实的工作岗位，成为一名劳动者，下列关于劳动的说法错误的是(　　)。

A. 劳动只是为了生存于社会中

B. 劳动是人类的本质活动，把人与其他动物从根本上区别开来

C. 劳动是人类最基本和最重要的社会实践

D. 劳动是创造社会财富的活动

(2)新闻报道中提到中职生面对实习出现怕苦怕累、中途离场的现象，说明中职生要尽早树立(　　)的价值观。

A. 人生没有不劳而获　　B. 贪图享乐

C. 做一天和尚撞一天钟，得过且过　　D. 就业可以频繁跳槽

2. 情景是非题

有中职生认为，毕业后父母可以帮忙找一份轻松的工作，所以实习不必太认真，混过去就行了。(　　)

3. 多项选择题

（1）报道中提到职校会计专业的毕业生阿茜认为中职生在实习时一定要主动去请教，不要以交差的心态应付，实习也许能成为将来就业的重要砝码呢。这带给我们的启发有（　　）。

A. 实习要调整好心态，主动出击

B. 实习要注意角色转换，由“学校人”变为“职业人”

C. 要保持不断学习的状态

D. 实习为就业奠定基础

（2）劳动与人生价值的关系有（　　）。

A. 人生价值的实现是个人在劳动实践中施展自己能力的过程

B. 人只有在劳动中才能自由彰显和发挥自己的才智

C. 一个人在劳动中社会贡献越大，自身价值就越大

D. 人应该在诚实劳动中实现人生价值

4. 实践问答题

采访一位毕业的师兄或者师姐，请他们谈一谈实习的意义，并给你一些为实习作准备的建议。

【学习评价】

项目	A 级	B 级	C 级	自评	互评	师评
活动参与	积极参与课堂活动，大胆表达自己的意见，大胆提问	能参与课堂活动，按要求完成课堂任务，认真听讲	不积极参与课堂活动，不认真听讲			
发言质量	积极举手发言，表达清晰，逻辑性强，观点明确	能举手发言，基本能表达清楚观点	很少举手发言，没有认真思考，观点表达不清楚			
组内贡献	善于合作，能带领组内同学进行讨论交流，高质量地完成任务	能与人合作，听取别人的意见，完成分内的任务	缺乏合作精神，不积极参与组内活动，不听取别人的意见			
作业质量	认真完成各项作业，质量高，能运用所学哲理分析问题、解决问题	能完成作业，但不能灵活运用所学知识分析问题、解决问题	不完成作业，敷衍马虎			
个人进步	与上节课相比进步明显，专心听讲，积极参与活动，认真完成作业	与上节课相比维持原样，没有进步	与上节课相比各方面表现退步很大			

【引思明理】

学劳模，爱劳动。
乐奉献，有作为。
敢担当，有价值。

【学有所获】

本节课我最喜欢的环节是	
本节课我印象最深刻的是	
本节课我学习到的哲理是	
本节课我的疑惑是	

【哲理故事】

懂得付出才会有回报

有一个人在沙漠中行走了两天，途中遇到了风暴。一阵狂沙吹过之后，他已认不得正确的方向。正当快撑不住时，他发现了一间废弃的小屋，他拖着疲惫的身子走进了屋内。这是一间不通风的小屋子，里面堆了一些枯朽的木材。他几近绝望地走到屋角，却意外地发现了一台抽水机。

他兴奋地上前汲水，但任凭他怎么抽水，也抽不出半滴来。他颓然坐地，却看见抽水机旁有一个用软木塞堵住瓶口的小瓶子，瓶上贴了一张泛黄的纸条，纸条上写着：你必须将水灌入抽水机才能引水！不要忘了，在你离开前，请再将水装满！

他拔开瓶塞，发现瓶子里果然装满了水。他的内心此时交战着——如果自私点，将瓶子里的水喝掉，他就不会渴死，就能活着走出这间屋。如果照纸条上写的做，把瓶子里的水倒入抽水机内，万一水一去不回，他就会渴死在这地方了。到底要不要冒险？

最后，他决定把瓶子里的水全部灌入看起来破旧不堪的抽水机，以颤抖的手汲水，水真的大量涌了出来。

他喝足水后，把瓶子装满了水，用软木塞封好，然后在原来那张纸条后面加上他自己的话：相信我，真的有用。

在取得之间，要先学会付出，真正的不劳而获是不存在的。

阅读感悟：

【走进心灵】

丰富多彩的人生充满酸甜苦辣，喜怒哀乐。老师愿意分享你的快乐，驱散你的忧愁。

我想对老师说：
老师对我说：

第十五课　人的全面发展与个性自由

一、努力实现人的全面发展

【活动体验 1】“全面发展之星”评选

班级评选“全面发展之星”，你会选谁？请你推荐一位同学，并写下推荐他（她）的理由。

【活动体验 2】人物介绍

请列举一位你熟悉的人（可以是你的同学、朋友、长辈、名人等），介绍一下他（她）的才能，越全面越好。

【学以致用】

魏永康，1983 年出生于湖南省华容县的一个普通家庭。他父亲魏炳南是一名参加过抗美援朝的伤残军人，因打仗负伤一直瘫痪在床。他母亲曾学梅是县百货公司的一名工人。自小天资过人的魏永康是这个家庭的全部希望。

在魏永康两三个月大时，曾学梅就教他识字，还经常读唐诗给他听。尽管魏永康还不会说话，但这种早期教育还是取得了很好的效果。在母亲的倾心教育下，魏永康从 2 岁开始便创造了一个又一个“东方神童”的故事。

1985 年，只有 2 岁的魏永康就掌握了 1000 多个汉字。4 岁时，他基本学完了初中阶段的课程，后来小学只读了二年级和六年级。1991 年 10 月，仅 8 岁的魏永康连跳几级进入县属重点中学读书。13 岁时，魏永康以高分考入湘潭大学物理系。2000 年，17 岁的魏永康大学毕业考入了中科院高能物理研究所硕博连读。

曾学梅认为，孩子只有专心读书将来才会有出息。于是，曾学梅将家中所有的家务活都包下了，包括给儿子洗衣服、端饭、洗澡、洗脸。为了让儿子吃饭的时候不耽误看书，魏永康读高中的时候曾学梅还给他喂饭。后来读湘潭大学时，曾学梅也一直跟在儿子身边“陪读”，照顾儿子的饮食起居。到北京读书后，魏永康认为自己已经长大了，便执意不要母亲“陪读”，孤身一人北上求学。

身边突然没了母亲的照料，魏永康感到很不适应，竟无法安排自己的学习和生活。有一年冬天，他竟然穿着单衣、趿着拖鞋去天安门逛了一圈，周围的游客像看怪物一样使劲儿盯着他看。由于长期生活不能自理，并且知识结构不适应中科院高能物理研究所的研究模式，2003 年 8 月，已经读了 3 年研究生的魏永康被中科院劝退回家。

1. 单项选择题

（1）天资聪颖的魏永康最终被中科院劝退回家，说明（　　）。

A. 实现人生的发展，需要人的各方面素质全面成长

B. 学习好坏是衡量人是否成才的唯一标准

C. 人的全面发展只需要个人的主观努力

D. 要实现人的全面发展，就不能依赖父母

（2）人的全面发展指的是（　　）。

A. 人的平均发展和人的发展的一律性　　B. 人的发展的完整性、统一性和和谐性

C. 人的发展必须遵循同一个模式　　D. 社会中每个人的发展都一样

2. 情景是非题

魏永康的成长违背了人生发展的客观规律，其父母的教育方式不科学，忽视了人要全面发展才能适应现代社会的发展要求。（　　）

3. 多项选择题

（1）实现人的全面发展离不开主客观条件，包括（　　）。

A. 高度发达的社会生产力　　B. 和谐的社会环境

C. 个人的身心和谐　　D. 家庭经济条件

（2）从魏永康的案例中我们得到的启发是，中职生要成为德能兼备的全面发展的现代职业人，必须（　　）。

A. 加强道德修养，提高道德素质　　B. 加强专业技能学习，提高动手能力

C. 加强文化知识学习，提高科学文化素质　　D. 加强身心锻炼，提高身心素质

4. 实践问答题

中职生要成为德能兼备的全面发展的现代职业人，才能适应社会的要求。请结合自身特点及所学课程内容，罗列一下自己将具体从哪些方面全面发展，至少罗列 10 条，越具体越好。

【学习评价】

项目	A 级	B 级	C 级	自评	互评	师评
活动参与	积极参与课堂活动，大胆表达自己的意见，大胆提问	能参与课堂活动，按要求完成课堂任务，认真听讲	不积极参与课堂活动，不认真听讲			
发言质量	积极举手发言，表达清晰，逻辑性强，观点明确	能举手发言，基本能表达清楚观点	很少举手发言，没有认真思考，观点表达不清楚			
组内贡献	善于合作，能带领组内同学进行讨论交流，高质量地完成任务	能与人合作，听取别人的意见，完成分内的任务	缺乏合作精神，不积极参与组内活动，不听取别人的意见			
作业质量	认真完成各项作业，质量高，能运用所学哲理分析问题、解决问题	能完成作业，但不能灵活运用所学知识分析问题、解决问题	不完成作业，敷衍马虎			
个人进步	与上节课相比进步明显，专心听讲，积极参与活动，认真完成作业	与上节课相比维持原样，没有进步	与上节课相比各方面表现退步很大			

【引思明理】

全面发展靠好学，
身体素质是前提，
专业技能是基础，
道德修养是关键。

【学有所获】

本节课我最喜欢的环节是	
本节课我印象最深刻的是	
本节课我学习到的哲理是	
本节课我的疑惑是	

【哲理故事】

还魂草的启示

在北方山区的峭壁上，石头棱角锐如刀尖，石头上没有土壤、没有水分，所以连生命力最顽强的青苔也望而却步。但是，有一种叫作还魂草的草本蕨类植物却偏偏立足于这生命的禁区，成为人间绝景。

由于岩石上很少有水，所以人们看到的还魂草都枯缩成一团，形态如同一只握拢的手掌。一旦空气湿度增大或有雨水，还魂草就会由黄转绿，伸展枝叶，变为一株株绿色的小树，亭亭如松，立于峭壁之上。

北方天气干旱，峭壁上更是很少有水，所以一些还魂草在几年甚至几十年的时间里都一直干枯卷缩着。把干枯的还魂草从岩壁上采摘下来，用手轻轻一搓，就会化作粉末，所以任何人都不会把这些干草同生命联系起来。但是这些被晒干的还魂草一旦被浸到水里，奇迹就会突然出现：干枯的草团慢慢伸展，绿色随之蔓延开来，直至这株干草的生命与灵魂被重新唤醒，神话般地慢慢“活”过来。还魂草即因此而得名。

见过还魂草的人都觉得它再平凡不过了，但就是这种平凡的小草，却有着最独特的性格：身陷绝境而不绝望，默默地收敛自己，咬住岩石不放松；任风吹日晒、形神枯槁也不言放弃；只是等待时机，几年、几十年，一旦有了适宜的环境，便枯草逢春，重新绽放自己的生命。

就算身陷绝境，也不要轻言放弃，不妨韬光养晦，静观其变，一旦机会来临，就冲出人生低谷，重新进入阳光地带，这就是还魂草带给我们的启示。

阅读感悟：

【走进心灵】

丰富多彩的人生充满酸甜苦辣，喜怒哀乐。老师愿意分享你的快乐，驱散你的忧愁。

我想对老师说：
老师对我说：

二、在社会发展中实现人的个性自由

【活动体验 1】父母与子女的交谈

读中职的小娟很爱美，每天上学前都要化妆，不然她会觉得特别不自在，父母多次劝她不要化妆上学，而她却认为父母管得太多了。

请在下框内续写小娟与父母的对话。

【活动体验 2】我也来吐槽

小组接龙：在生活中，有哪些个人自由会妨碍、影响他人的自由？

【学以致用】

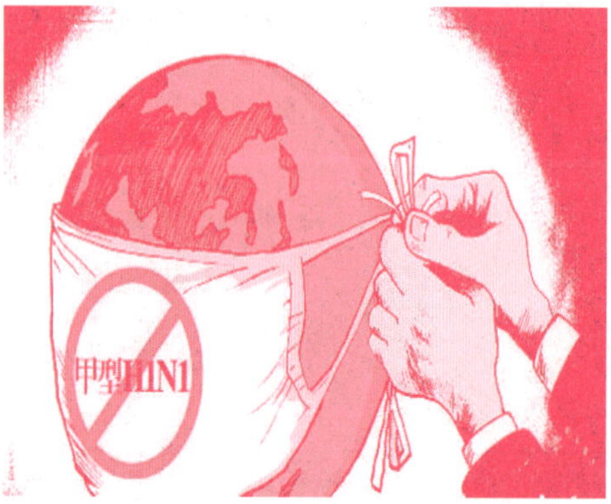

在世界共同抗击甲型 H1N1 流感的时候，留学生在网上发起了暂时不回家的倡议书，大部分从国外回国的人员自觉自我隔离。

然而，北京查出第 39 例输入性甲型 H1N1 患者自加拿大抵京后，不但未按相关建议、要求自我隔离，而且带病在京频繁活动。

而北京的首例患者在确诊之前，除了打车前往医院就诊与出租车司机有过近距离接触之外，一直在家里待着，与她的母亲在一起。而且为了防止意外，她一直把打车的票据保留着，以方便找人。正是由于这种极强的自觉意识，在她被确诊之后，需要隔离观察的只有两人：她的母亲和出租车司机。而且因为她保存着打车的票据，出租车司机很快就被找到了，为隔离工作节约了大量寻找时间。

自我隔离是个体对他人、对社会的一种伦理责任。一方面，别人是无辜的，本就不该有那么多人和你一起承担你个人造成的后果。另一方面，如果很多不必要的人因你而被隔离，相信你也不会心平气静。所以，无论从社会的角度还是个人的角度而言，在疫区过往的人者都应该将高度的自觉意识纳入自己的思维与行为之中，以免产生不必要的麻烦。

1. 单项选择题

（1）案例中北京查出的第39例输入性甲型H1N1患者带病在京频繁活动，个人自由了，但妨碍了他人的自由，这说明（　　）。

A. 自由是绝对的　　B. 自由是相对的

C. 自由是写在书本上的，现实中不存在　　D. 自由就是无拘无束、随心所欲

（2）个性自由和社会约束的关系是（　　）。

A. 个性自由是绝对的，社会约束是相对的　　B. 两者只有统一，没有对立

C. 两者没有对立，只有统一　　D. 完全摆脱社会约束的绝对自由是没有的

2. 情景是非题

案例中北京的首例患者在确诊前的行为得到了社会赞誉，因为她正确处理了个人与社会、自由与约束的关系。（　　）

3. 多项选择题

（1）案例中北京的首例患者将传染范围控制在最小，最大限度地保护了他人的安危，这说明（　　）。

A. 任何人的自由都不能妨碍、影响别人的自由

B. 任何人的自由都必须保证集体、社会的稳定和发展

C. 自由是在遵守纪律、道德和法律的前提下的

D. 社会约束一定会牺牲个人利益

（2）作为中职生，我们如何在职业活动中实现自由而全面的发展？（　　）

A. 加强学习和实践

B. 认识和把握社会发展规律

C. 正确认识自己

D. 结合自身特点及社会现实确立职业目标

4. 实践问答题

中职生小丽追求个性，把头发染成五颜六色，穿古怪的衣服，化浓妆，但是学校纪律不允许。假如你是学生干部，请结合所学哲学知识给小丽写一封信，劝说她遵守学校纪律。

【学习评价】

项目	A级	B级	C级	自评	互评	师评
活动参与	积极参与课堂活动，大胆表达自己的意见，大胆提问	能参与课堂活动，按要求完成课堂任务，认真听讲	不积极参与课堂活动，不认真听讲			
发言质量	积极举手发言，表达清晰，逻辑性强，观点明确	能举手发言，基本能表达清楚观点	很少举手发言，没有认真思考，观点表达不清楚			
组内贡献	善于合作，能带领组内同学进行讨论交流，高质量地完成任务	能与人合作，听取别人的意见，完成分内的任务	缺乏合作精神，不积极参与组内活动，不听取别人的意见			
作业质量	认真完成各项作业，质量高，能运用所学哲理分析问题、解决问题	能完成作业，但不能灵活运用所学知识分析问题、解决问题	不完成作业，敷衍马虎			
个人进步	与上节课相比进步明显，专心听讲，积极参与活动，认真完成作业	与上节课相比维持原样，没有进步	与上节课相比各方面表现退步很大			

【引思明理】

个性诚可贵，
自由价也高。
若是无拘束，
两者皆被抛。

【学有所获】

本节课我最喜欢的环节是	
本节课我印象最深刻的是	
本节课我学习到的哲理是	
本节课我的疑惑是	

【哲理故事】

别错过人生中那些美丽的“石头”

许多年前，法国某个偏僻的小镇来了一位名叫希瓦勒的邮递员。希瓦勒是个热情洋溢的小伙子，他每天徒步奔走在各个村庄之间，不仅漂亮地完成了这个小镇上所有信件、包裹的收发任务，还免费为不识字的人们读信、写回信，帮助孤寡老人做些力所能及的事情，更重要的是，他走到哪里，就将笑声带到哪里。因此，一段时间以后，希瓦勒成了这个小镇上颇受欢迎的年轻人。

年轻的希瓦勒不仅热爱自己的工作，而且内心深处装满了人生的理想。送信之余，他常常想，难道我的一生就要耗费在这些崎岖的山路上吗？难道我就不能做一番让人刮目相看的事业吗？

可是让我丢下钟爱的邮递事业，实在舍不得。那么我应该做什么呢？这一天，迎着落日的余晖，希瓦勒走在回家的山路上，又想起了困扰了自己多日的问题。突然，他的脚下一绊，差点跌坐在山路上。

希瓦勒踉踉跄跄地站直身子，不自觉地看了一眼绊了自己的那块石头——那是一块多么漂亮的石头啊，在夕晖的照耀下，通体闪耀着迷人的色彩！希瓦勒将这块石头捧在手里，左看右看，他简直有些爱不释手了。

这时，一位农夫赶着牛车从这里经过，希瓦勒急忙奔过去，一面将手中的“宝贝”亮出来，一面兴奋地说：“今天真幸运，竟然让我发现了这么美丽的石头！”

没想到，听了希瓦勒的话，农夫不以为然地说：“这块石头有什么稀奇的？你要知道，我们这里的山上到处都是这样的石头，够你捡一辈子的呢！”

农夫赶着牛车匆匆走掉了，一个大胆的想法却在希瓦勒的脑海中闪现出来——我要用这些美丽的石头建造一座城堡，那将是一件多么美好的事情啊！

希瓦勒不是仅想想而已，接下来他开始实践自己的计划。从此以后，他每天在送信的途中都会找几块好看的石头，不久便收集了一大堆。然而，这些石头对建造一座城堡来说还远远不够。于是，他开始推着独轮车送信，只要发现中意的石头，就会装上独轮车。这样一来，希瓦勒收集石头的速度明显加快了，几年以后，他收集的各色石头就堆成了一座小山。

当然，为了建造自己的城堡，希瓦勒还利用业余时间钻研了建筑知识。

总之，自从有了建造一座城堡的想法，希瓦勒再也没有过一天安闲的日子。白天他是一个邮差和运输石头的苦力，晚上他便摇身一变成为一个建筑师。他按照自己天马行空的想象来建造自己的城堡。

希瓦勒要建造城堡的消息很快传遍了整个小镇，在最初的日子里，所有人都感到不可思议，认为他的大脑出了问题。

但是,希瓦勒对大家的非议一点儿也不放在心上。他除了一如既往地为大家服务以外,剩余的时间几乎全部放在了城堡的建造上。

世上无难事,就怕有心人。20多年以后,在希瓦勒偏僻的住处出现了许多错落有致的城堡,有清真寺式的、有印度神教式的、有基督教式的……

1905年,法国一家报社的记者偶然发现了这群城堡,这里的风景和城堡的建造格局令他慨叹不已,他为此写了一篇介绍希瓦勒的文章。文章刊出后,希瓦勒迅速成为新闻人物。许多人都慕名前来参观,连当时最有声望的大师级人物毕加索也专程来参观了他的建筑。

现在,希瓦勒建造的这群城堡已成为法国最著名的风景旅游点,它的名字就叫作"邮递员希瓦勒之理想宫"。

同样是石头,有人说它普通,有人视它为珍宝,就在于你怎么看待它,怎么运用它。命运掌握在自己手中,每个人都有机会将生命中普通的石头建造成美丽的宫殿。

阅读感悟:

【走进心灵】

丰富多彩的人生充满酸甜苦辣,喜怒哀乐。老师愿意分享你的快乐,驱散你的忧愁。

我想对老师说:
老师对我说: